大方
sight

我的真相

柯莱**特**访谈录

△ G **O** R △

法兰**西**文艺访谈**录**系列

张**博** 主编

[法] **柯**莱特 / 安**德**烈·帕里诺 著

王子童 **译** / 张博 注

MES VÉRITÉS

ENTRETIENS ΔVEC ΔNDRÉ PΔRINΔUD

中信出版集团 | 北京

图书在版编目（CIP）数据

我的真相：柯莱特访谈录 /（法）柯莱特，（法）安
德烈·帕里诺著；王子童译 . -- 北京：中信出版社，
2024.1
（法兰西文艺访谈录）
ISBN 978-7-5217-6052-1

I.①我… II.①柯… ②安… ③王… III.①柯莱特
－访问记 IV.① K835.655.6

中国国家版本馆 CIP 数据核字 (2023) 第 197691 号

我的真相：柯莱特访谈录
著者： ［法］柯莱特 ［法］安德烈·帕里诺
译者： 王子童
出版发行：中信出版集团股份有限公司
　　　　（北京市朝阳区东三环北路 27 号嘉铭中心　邮编　100020）
承印者： 河北鹏润印刷有限公司

开本：880mm×1230mm　1/32　印张：10.625　字数：194 千字
版次：2024 年 1 月第 1 版　　印次：2024 年 1 月第 1 次印刷
书号：ISBN 978-7-5217-6052-1
　　　　　　　　　　　　定价：59.00 元

总序
露天广场中的对话

对话，是古希腊文化的核心要素之一，从苏格拉底开始，对话便成为古希腊人逻辑思辨、去伪存真的根本手段。古希腊的整个公民社会，也都建立在对话的基础之上，对话由此成为希腊精神的活力之源。而古希腊公民畅所欲言之所，便是雅典的露天广场，人们在那里讨论政治、经济、文化、宗教等各类话题。人人各抒己见、据理力争，并最终达成共识、形成决议。露天广场是城邦社会政治秩序的最佳体现，并由此成为公共空间的经典象征。这一传统也被古罗马人继承了下来，如今罗马城中宽阔静谧的广场遗迹，依然能令人怀想起昔年人声鼎沸时的激昂活力。在古希腊语中，露天广场被称作"ἀγορά"（转写作 agorá）。在法语、英语、西班牙语、意大利语等诸多欧洲语言中，"agora"一词得到了普遍沿用。至于在拉丁语中，这种集会广场则被命名为"forum"，这个词发展到今天，常常用来表示"论坛、研讨会、座谈会"，其中依然可以看到对话精神的遗存。

今天，之所以用"agora"作为总题编订一套全新的丛书，立意便在于，以露天广场为象征，构建一个畅所欲言的交流空间，让不同的声音都能在此拥有一席之地，以古希腊式的对话精神开启一场自由的精神历险。在丛书的第一辑中，我选择了六本对话录，它们分别是：

《即兴记忆：克洛岱尔访谈录》

《闲谈，沉睡的访谈：马蒂斯访谈录》

《我的真相：柯莱特访谈录》

《爆破边界：杜尚访谈录》

《不屈的历险：布勒东访谈录》

《孤独与团结：加缪访谈录》

六本访谈录，六位受访对象。无一不是法国现代文艺界的扛鼎人物。具体而言，克洛岱尔身兼作家与外交官的双重身份，晚清时曾在中国工作过十五年，诗歌及戏剧创作也在法国名噪一时；马蒂斯作为野兽派的代表，为绘画的色彩、构图、线条使用带来了巨大的突破，再一次激发了绘画的生命力；柯莱特，波伏娃之前法国文坛最有分量的女作家，她我行我素的生活与独树一帜的创作早已成为独立女性的最佳表征；杜尚，艺术史中最惊人的颠覆者，用独属于他的方式突破视网膜霸权，打开了全新的艺术空间；布勒东，超现实主义的"教皇",一手引领着这个 20 世纪上半叶最具活力的文艺思潮;加缪,荒诞世界中的反抗者,在严寒中寻找一条通向阳光与生命的道路。每一本访谈背后,都跃动着独一无二的鲜活人生,以对话体的方式直抒胸臆地呈现着他们的所思所感,体现着各自鲜明的性格特征。

与此同时,各本访谈之间同样可以形成隐秘的对话。杜尚承认,他之所以在年轻时走上艺术道路,观看马蒂斯的画作起到了至关重要的作用。谈起自己在朱利安学院求学的往事时,杜尚说自己总是"去打台球而不是去画室",但并没有交代其中的因由,令读者感觉此人颇为疏狂散漫。而马蒂斯在访谈中恰好详细回忆了他在朱利安学院的求学经历,他毫不留情地指出:"在朱利安学院,我面前都是一些表现裸体男性或女性的绘画,手法完美,却空洞无物,完完全全、彻彻底底的空洞无物——只有一套程序而已。我觉得自己没有任何理由去画这些东西。为了做出这些东西,我看不出自己能够跨出第一步。"马蒂斯的论述,为我们填补了杜尚没有说出的内容,让我们理解了他去打台球的真实原因。杜尚在访谈中数十次提及好友布勒东,甚至颇为傲娇地说道:"我不明白布勒东为什么不联系我……只要他能够努力迈出一步,我就会立刻回应。"令人忍俊不禁。而在布勒东的访谈中,杜尚也是被他频繁引述的艺术家之典范。这些对话见证了一段友谊。谈到与自己发生龃龉的加缪时,布勒东

3

会说："尽管我们近来有所争执，但我还是得说，回过头来看，阿尔贝·加缪当时在《战斗报》上发表的那些文章是多么振聋发聩、直击人心。"而在加缪看来："我恐怕我们这些作家之间的争吵并没有那么重要……当一个具体时机来临之际，他们将再一次被迫集合。那么他们之间的差异还有什么大不了呢？我们并不要求他们相爱——他们常常并不可爱。我们要求他们坚持下去。而且，正是利用各种差异，人类才创造出一个世界。"类似的穿插使得这些访谈形成了一个更广阔的互文网络，构筑出一个相对立体的法国文艺广场。

这六位人物，也许大多数可以从某种角度被定义为"先锋派"。马蒂斯是先锋派，用他的笔触改变了绘画的基本范式；杜尚是先锋派，用小便池等现成品彻底粉碎了艺术的界限，从观念角度开启了艺术创作的全新维度；布勒东是先锋派，他以超现实主义为依托深入潜意识和梦境，发掘出前所未有的美学空间；加缪是先锋派，他靠果决的勇气直面荒诞并予以抵抗，在最高价值自行贬黜的虚无年代重建人类生存的根基；柯莱特是先锋派，她打破偏见和歧视，勇敢地在作品封面署上自己的真名，毫无顾忌地表达自我。与他们相比，克洛岱尔更像一个保守派，他在一个世俗化大兴的时代笃信天主教，对超现实主义等新思潮嗤之以鼻，但是，他强烈的感受力与创造力并没有因此受到丝毫妨害，反而结出了独树一帜的果实，足以与其他几位抗衡。而在这几位先锋派之间，也未必不存在分歧。这正是露天广场的意义，这里没有一家独大，只有众声喧哗，百家争鸣。

丛书的立项与出版得到了中信出版·大方的鼎力支持与密切配合，在此要向总经理蔡欣女士和文学顾问赵松先生致谢。为了译好这套丛书，我选择了一个虽然年轻但学术扎实的翻译团队：杜尚是郑毅博士阶段的研究对象；布勒东则是尉光吉长期关注的学术重心；张慧在法国研习艺术史，对马蒂斯颇为熟稔；王子童在巴黎高等师范学院研究女性写作，与柯莱特也有重合之处。作为主编，我负责译介克洛岱尔和加缪的访谈，并为柯莱特和布勒东的访谈添加了注解，交代人物信息、历史背景等，方便读者理解文意。对于全部译稿，我一一对照原文逐字逐句进行了修订并与译者进行了细致的探讨，力图完整呈现原作中的文意与语气，把杜尚的戏谑、布勒东的严肃等原汁原味地引荐给中国读者。具体效果如何，还要交由读者判断。

最后，衷心希望读者们能够在露天广场中的这场对话里获得愉悦而丰沛的阅读体验，感受这六位法国文艺大师绝伦的创造精神。

张博

2022 年 7 月 14 日写于南京

目录

世界上最自由的女性

安德烈·帕里诺

1954 年 8 月 3 日，柯莱特，"著名作家，演员、哑剧舞者和主妇"，在她位于巴黎皇家宫殿广场的公寓里去世。她在《情感退隐》中写下的一段涉及死亡的话语，是我们在其生机勃发的作品中能够找到的寥寥几例之一：

当我死去时，这也将标志着它的终点（特指她的祖屋）……我即将失去光泽的双眼抬了起来，望着长满黄色苔藓的紫色石板屋顶。随着这个信号，庭院中无花的绿植即将化为一团模糊的雾气，颤抖的棱镜折射出七色光，突显它昏暗的屋脊，而我和它，在这临终的一秒，一半还留在此世，一半已身在彼岸。

1900 年，《克罗蒂娜在学校》出版，署名还不是柯莱特，作者在书中预言道："我叫克罗蒂娜，1884 年出生在蒙蒂尼，我可能不会在那里死去。"茜多妮·加布里埃尔·柯莱特 1873 年 1 月 28 日出生于约讷省的圣索沃尔昂皮赛，她在小说里年轻了十一岁。

二十岁时，她嫁给了亨利·戈蒂耶–维拉尔[1]（他把自己的名字按照英式拼法写成"Henry"），笔名"维利"，在巴黎的文人圈子里颇有名气。柯莱特在《我的学习生涯》中提到了这段"不幸的婚姻"：

在我们婚后一年或者一年半的时候，维利先生对我说：

"您必须把那些关于小学的记忆都甩到纸上，不要害怕刺激性的细节，也许我可以从中提取点什么……没钱了。"

比起第一句话，他的最后一句话更无法令我感动，作为日常生活的主旋律，它在过去十三年里随着无尽的幻想不断变形。由于我得过一场严重的慢性病，刚刚康复不久，身体和精神依然倦怠。不过在一家文具店里，我找到了一些本子，和我上学时用过的本子很像，我把它们买了下来……在办公桌一角，背靠一扇窗户，我斜着肩膀、弯着膝盖，专心而冷漠地写了起来……

当她写完时，她说她的丈夫把文章浏览了一遍，然后

1　亨利·戈蒂耶–维拉尔（Henry Gauthier-Villars，1859—1931）：法国作家，柯莱特的第一任丈夫。（本书脚注如无特殊说明均为本中文版注者注。）

说："我弄错了，这东西什么用都没有。"几个月之后，"从弗朗什－孔泰的一处度假胜地回来时"，她的丈夫整理抽屉，又发现了这些本子。她讲述道：

> "咦，"维利说，"我以为早就把它们扔到废纸篓里去了。"
>
> 他打开笔记本，翻了一遍：
>
> "挺好……"
>
> 他翻开第二本笔记本，不再说话了；第三本，第四本……
>
> 他嘟囔着，"看在上帝的分上，我就是个傻……"
>
> 他胡乱抓起本子，戴上宽檐帽，奔向出版商，我就是这样成为作家的。

　　最开始，柯莱特的文学历程需要去适应不断增加的"淫猥"状况：

> 维利先生对我说道："您难道不会给这些幼稚的情节加点料吗？比如，在克罗蒂娜和她的某位女同学之间，产生了某种过于温柔的友情……（他使用了另一种直白的方式帮助我理解）。还有，要用隐语，很多隐语……关于女同学之间的嬉闹……您明白我的意思吧……"
>
> 我完全明白。我也经历着，之后，维利先生在跟我合

作时安排了一些比沉默更好的事情。他习惯于引诱我去聆听那些别人对他从不吝啬的溢美之词，把他柔软的手掌放在我头上，然后说道：

"你们知道这个孩子对我来说多么珍贵吗？对，珍贵，珍贵！她跟我讲述了许多'公立学校'里的趣事！"

半个世纪之后，当柯莱特回忆起这一切时，她毫不留情地给自己下了这样的评判：

我觉得自己的第一本书不算太好，之后三本也不尽如人意。日子一天天过去，我的看法也几乎没有变过，而且我对整个《克罗蒂娜》系列的评价都相当严厉。她行为幼稚、疯疯癫癫、缺乏谨慎。当青春只是以缺乏技巧作为标志时，当然会在文字中显现出来……譬如说，我把自己厌烦的人物写死，就有点草率粗疏。我后悔这几本《克罗蒂娜》对其造成的危害表现得毫不在意，通过影射，通过千篇一律的漫画笔触，通过大致可信的传说，等等。如果我弄错了，那就好了……但我没弄错……

《克罗蒂娜在学校》刚一出版就卖得很好，之后愈发畅销。这个系列目前似乎依然在发售。几百个版本都脱销了。柯莱特的严厉评价难道不是其痛苦遭遇导致的结果吗？她确实透露过:"当我第一次离婚时,《克罗蒂娜》系列分属两个出版社。维利先生向他们出让了所有版权。在两份合同底部,我作为配偶添上了我的签名。这种放弃确实是恐惧迫使我做出的最不可宽恕的行为,我无法原谅自己。"

回顾柯莱特的"文学历程",皮埃尔·马克·奥兰[1]在她的葬礼上回忆道:"世界上最自由的女性……我不认为能够找到另一位作家,其光芒不被任何文学批评的解释所束缚。"

为了纪念柯莱特的八十岁诞辰,出版社于1953年编纂了一本知名作家语录。

马塞尔·普鲁斯特写道:"今晚我哭了,这是很久以来的第一次,这段时间我被悲伤、痛苦和烦恼压得喘不过气。不过,我之所以哭,却并不是因为这些,而是因为读到了米苏的信。最后两封信堪称书中[2]的杰作。"

安德烈·纪德表示:"我一口气读完了《谢里宝贝》。您抓住了一个令人赞叹的主题,带着何等才智,何等技巧,以及对肉体最为人知之秘的何等悟性!自始至终,无一败笔,无一冗言,无一俗套。我只是对最后几页略感失望,在我看来,如何升华此书只取决于您……"

---

1 皮埃尔·马克·奥兰(Pierre Mac Orlan,1882—1970):法国作家。
2 指柯莱特发表于1919年的小说《米苏》。

保罗·瓦莱里说："致柯莱特，在她所属的性别中，只有她懂得写作是一门艺术，拥有这门艺术，并且令许多忽视她的人哑口无言。"

她在龚古尔评审团的同事也对这位曾经的评审团主席表达了敬意。罗兰·道格莱斯[1]写道："我对您的了解只来自您的作品。您将秘密付诸纸上。因为它没有耳朵，可以毫无疑心地与它交谈，它也不会在无意中发出叹息。于是，您最不起眼的读者与那些自诩您至交的人都同样了解您……"

弗朗西斯·卡尔科[2]在他的回忆录中提到，柯莱特曾对他说过："'在我这里，一切都围绕身体展开。这是一种自卫……我年轻时曾想写本书，名字应该叫作《无物不痛》。'很遗憾她放弃了。通过《这些享乐》，她为我们提供了她作品的钥匙……'我受了不少苦，'她近来向我袒露心迹，'我对你直言不讳，但不要过分宣传我的关节炎！'她补充道：'请注意，我觉得宣传不是完全没用，但我还没理解它的用处。'面对痛苦，柯莱特并不试图掩饰这种惊愕和窘迫，在她生命中的每分每秒，她一定都感受过。"

---

1 罗兰·道格莱斯（Roland Dorgelès，1885—1973）：法国作家，从 1929 年开始担任龚古尔奖评委。

2 弗朗西斯·卡尔科（Francis Carco，1886—1958）：法国作家。1917 年与柯莱特相识，二人的友谊一直持续到柯莱特去世。

安德烈·比利[1]认为："我们忠实于柯莱特的一个原因，就在于她与意识形态和夸夸其谈格格不入，而这两件事情在文学中都会迅速过时！她有她的人生观，也可以说，她有属于她自己的道德。从来没有人像她一样，从如此忧郁、真实的角度处理永恒的两性冲突；也从来没有人像她一样，将男人与不受束缚的女性之间的误解诠释得如此明晰，她们专注于自己，却惊恐地意识到自己已坠入空无［……］。是的，柯莱特有她自己的道德，由轻蔑与怜悯组成的道德，但都隐含在她的作品中，或者说成为她作品的基调，我们的哲学家会说：一种贵族的道德。我在她身上看到的最独特的一点是：一种女花花公子，在她之前这个词会显得矛盾；一种极致的优雅，笼罩着神秘与静寂；一种对说尽一切的拒绝；一种对喋喋不休的恐惧。"

亚历山大·阿尔努[2]提到她"感官的可靠性"："谁能比柯莱特更善于自然地、本能地、肉感地谈论植物呢？……她拥有一种独一无二的天赋，能够在文字中重新创造生命和它温和的悸动，花楸的滋味，小苹果般粉嫩，比欧楂更加细腻，风信子是地下水的友邻，它蓝色的天真宣告着报春花和小喇叭水仙花的绽放……"

1　安德烈·比利（André Billy, 1882—1971）：法国作家。

2　亚历山大·阿尔努（Alexandre Arnoux, 1884—1973）：法国作家。

热拉尔·鲍尔[1]描述了她性格中的另一面："我认为柯莱特很喜欢新闻工作，也许这是继剧院之后她最喜欢闻的气味：打印机的气味，编辑部里积极的怠惰，那是另一种波希米亚生活，在那里人们开始了从未完成的新闻之旅。她的作品极具天赋，充满洞察力，对现实比对想象更为敏感，是一部长篇编年史，也是一部关于生活、人物和自然的精彩报告……"

阿尔曼·萨拉克鲁[2]回忆起柯莱特的戏剧评论时写道："'作为最糟糕的演员，安托南·阿尔托却并非最无趣。嘶哑、阴郁、棱角分明、焦躁不安，将文本切碎至不能再切，他令人难以承受：因为他的光是信仰之光。'二十年后，我们知道您没有说错。您是一位伟大的戏剧批评家，因为您热爱剧院犹如爱猫——而且您谈论戏剧时就仿佛在谈论小动物，还原本真，带着它们的缺点和狡诈，一旦倾注灵魂，我们就会爱上。在许多年间，最亲爱的柯莱特，您将您的灵魂注入了巴黎的剧院。"

最后，菲利普·埃利亚[3]写道："她属于我们每一个人。借用玛格丽特·莫雷诺创造的迷人术语，如果用一个词概括

1　热拉尔·鲍尔（Gérard Bauër，1888—1967）：法国作家。

2　阿尔曼·萨拉克鲁（Armand Salacrou，1899—1989）：法国剧作家。

3　菲利普·埃利亚（Philippe Hériat，1898—1971）：法国作家。

的话……那么她就是'玛柯莱特'[1]。"

我们需要借由茜多,即柯莱特的母亲,在 1907 年 8 月 21 日写给她"亲爱的小猫"的信中的相关论点,来寻找柯莱特文风的可能来源:"亲爱的小猫,你继承了我的品位,我的心肝宝贝,你热爱自然灾难,风掠过树林的声音,秀木、河流与大海之爱……这一切都格外美好。倘若没有被如此之多的壮美填满,我会死去……"

这的确是她文学天赋的关键,它被真正的见证者勾勒出来。除了这种对她才华的赞美,柯莱特的生命力,她的贪食、肉欲、灵动、魄力,她的专业眼光以及遭遇的处境与人都是她用来编织一部伟大作品的框架。"生活就是生活",她在写给友人安妮·德·佩恩[2]的信中强调,必须直面逆境,才能加以克服,这便是她的生存准则。1915 年,与亨利·德·朱弗内尔[3]在凡尔登悄悄重聚后,她写道:

他的出现把我从对思考、前瞻和行动的操心中解放出来,我只需要整理房间或描眉画眼就可以了。余下的都由他支配。

---

1 玛柯莱特(Macolette)是法语"我的柯莱特"(ma Colette)的连写形式。

2 安妮·德·佩恩(Annie de Pène, 1871—1918):法国女作家。

3 亨利·德·朱弗内尔(Henry de Jouvenel, 1876—1935):法国记者、政治家。 1912 年与柯莱特结婚,1923 年离异。

柯莱特的冲劲就在这里。剧场中的各色人物已经到位。

*

于勒·柯莱特[1]1829 年 9 月 26 日出生于土伦。他的父亲担任过海军下士。被圣西尔军校录取后，于勒·柯莱特以少尉身份毕业，之后被派往阿尔及利亚的佐阿夫军团。

1859 年 6 月 8 日，当法国联合皮埃蒙特与奥匈帝国对峙时，柯莱特上尉在梅莱尼亚诺[2]（或马里尼昂）战役中失去了左腿。自弗朗索瓦一世以来，那里一直是一处历史遗迹。他当时三十岁。可怕的残疾为柯莱特提供了赞美父亲勇敢无畏的机会，也让她能够肯定自己的文学想象力。在她心目中，父亲是各种意义上的英雄，即使在她成为大作家、达到荣誉顶峰的时候也依然如此。

于勒·柯莱特还有另一种影响，可以说是在潜意识方面对他女儿个性的影响，这一点比起军事方面的影响更大。尽管上尉的军功证明了他的军旅生涯，但他一直想要成为一名作家。他甚至自称诗人。柯莱特明确强调过这种柏拉图式的志向对于她自己的重要性，因为她变成了"她父亲希望成

1　于勒-约瑟夫·柯莱特（Jules-Joseph Colette，1829—1905）：柯莱特的父亲。

2　梅莱尼亚诺位于意大利北部米兰附近，也被译作"马里尼昂"。1515 年，法王弗朗索瓦一世曾在该地与米兰公国发生大战并获胜，由此该地成为著名的历史景点。1859 年 6 月 8 日，法军与奥军在此地发生了战斗。

为的人"。

1865 年 12 月 20 日，于勒·柯莱特与出生在兰多依的阿黛尔·茜多妮·罗比诺成婚，夫妻共有财产，但当时境况特殊。他是一位残疾军人，领抚恤金，是税务员和荣誉军团骑士。他的妻子出生于 1835 年 8 月 12 日，是亨利-马利·兰多依和苏菲·沙特内的女儿。在《我父亲的女儿》[1]中，柯莱特明确指出她的外公拥有四分之一的黑人血统（这一点从未得到证实），还有个绰号叫"大猩猩"。

1857 年 1 月 15 日，在布鲁塞尔郊区斯哈尔贝克，身无分文但聪慧过人的茜多妮头婚嫁给了于勒·罗比诺-杜克洛，一位来自圣索沃尔昂皮赛的地主。她的兄弟姐妹们不知道的是，于勒·罗比诺-杜克洛是个酒鬼。很快，他凶残的面貌就暴露了出来；婚后两个月，他开始殴打妻子。

不过这对夫妻还是生了两个孩子——女儿叫朱丽叶，儿子叫阿基尔。结婚八年之后，于勒·罗比诺-杜克洛于 1865 年因中风去世。除了他的财产，他还遗留了一项义务，要求庇护他的私生子，那是他婚前和家庭教师的爱情结晶。

应逝者父母家人的请求，治安法官克兰松被选定为未成年人朱丽叶和阿基尔的监护人。在克兰松的报告中，他强调于勒酗酒，然后指出母亲被怀疑与村里的公证人有染，似

1 《我父亲的女儿》是短篇小说集《克罗蒂娜的家》中的一篇作品。

乎是于勒·柯莱特的情妇。

当事人的反应很迅速：1865 年 12 月 20 日，在法庭宣判之前，三十岁的阿黛尔·茜多妮·兰多伊和三十五岁的于勒·柯莱特正式登记结婚。十个月后，利奥波德出生，七年后，1873 年 1 月 28 日，茜多妮·加布里埃尔出生。她同母异父的姐姐朱丽叶和哥哥阿基尔（他们很可能和茜多妮是同一位父亲所生），一个十岁，一个十三岁，在茜多妮·加布里埃尔成为克罗蒂娜和柯莱特之前，与她建立了青春期的手足之情。茜多妮·加布里埃尔更偏爱哥哥阿基尔，他打算以后当一名医生。对她而言，阿基尔是她"心中名副其实的兄长"。

"茜多"和"佐阿夫士兵"组成了一对奇特的夫妻，这是在偶然的邂逅、家庭利益、肮脏的对立、个人野心、"阶级跃升"的意志和头脑发热中产生的。克兰松法官认为，圣索沃尔昂皮赛的市民"虽习惯于目睹种种不道德之事"，但仍然感到愤慨。

圣索沃尔昂皮赛作为地区首府，建筑外观沉闷，街道铺陈破落，居民一千八百余人。这座小镇位于约讷河畔，距巴黎一百九十公里，但仍旧位于"世界尽头"。圣索沃尔这个名字，来源于凯尔特语中的"salvoie"，不就是"路况糟糕"的意思吗？

在茜多带领下，一家人安家落户，这座房子唯一的奢华之处就是一个朴素的双层台阶；四级台阶通向高处的街道，还有六级台阶通向倾斜的小巷。

街道下方，柯莱特的房子肯定可以给访客留下深刻印象。它有十八个房间，具备当时乡间的一切舒适条件。卫生间位于花园深处，有时需冒雨而行。茜多妮·加布里埃尔在一间天花板很低、正下方就是马车入口的房间里住了将近十一年。

柯莱特的母亲性格很特别，柯莱特从不吝啬对她的溢美之词。她父亲的性格也不遑多让。他心不在焉，无法进行持续性思考，对生活中的事情漠不关心（柯莱特在《克罗蒂娜的家》中指出，他甚至不认识家中的侍女）。另一方面，他对孩子很大方，这有利于青少年的自由发展。

柯莱特家中堆满了书，其中一部分来自勒·罗比诺-杜克洛的遗产（也许正是由于这些"藏书"，于勒·柯莱特才能在很长一段时间里以文化人自居）。她在那里发现了二十卷巴尔扎克；她对《人间喜剧》作者的才华感到钦佩，这一定在不断激发她的灵感。在柯莱特的作品中，有五十六处提到巴尔扎克的人物。但其他人也涉及不少，包括欧仁·拉比什、阿尔丰斯·都德、普罗斯佩·梅里美、维克多·雨果（《悲惨世界》）、大仲马（其中她只喜欢《王后的项链》）、乔治·桑（在她眼里，她的生活比作品更动人）、威廉·莎士比亚，甚至《圣经》中的典故……

这是一个无神论家庭，他们庆祝圣诞纯粹出于惯例，"在家中，我们不在耶稣受难日吃肉"，这么做只是为了不"冒犯别人"。不过茜多妮·加布里埃尔倒是进了天主教教义班，而且初领圣体。

所有这些影响共同造就了茜多妮·加布里埃尔。

您无法想象十二岁时的我是怎样的大地女王！结实的身子，刺耳的声音，两根辫子紧紧扎着，像鞭梢细绳似的在我四周甩得啪啪作响；一双手焦黑，留着被抓过的伤痕，一个令男孩子羡慕的额头，现在我用刘海把它遮盖起来，直到眉毛……唉！在我十二岁时您准会爱上我，我真遗憾。

她这样形容自己：

一个手长脚长的孩子留着长辫子，腰间系着扣带，仿佛一只警惕的猫蜷缩在它的大草帽下。

一个关键词：猫！她将一生守候这个异常人性化的动物，只为投射一种名副其实的神话价值。

在《白日的诞生》中，柯莱特转述了母亲茜多对佐阿夫士兵丈夫的回忆——他是上尉，税吏，"政治家"和诗人：

所有这些出色的才能本该把他推向文学和科学领域，他却宁愿只想着我，为我折磨自己。

然而，茜多对她的丈夫却这样说：

你接触的一切都会像巴尔扎克的驴皮一样缩小。

显然，这位失败的作家也是一个不善理财的人。为了给茜多的第一任丈夫于勒·罗比诺-杜克洛的妹妹还债，夫妻俩被迫变卖了他们的大部分财产，尤其是于勒·柯莱特位于土伦的祖屋。最重要的是，他被佃农们骗了，他们要求大额补偿，并强迫他借钱……同时私底下把这笔钱拿走。佃农们很快就变成了农场的主人。

虽然"上尉"柯莱特已经当选为镇议员，但还是必须离开圣索沃尔昂皮赛及其恶劣的气氛。1890年6月15日星期日，房子里的部分家具被挂牌出售，包括藏书……除了巴尔扎克的作品。

这一境况对茜多妮·加布里埃尔的影响巨大，她永远无法忘记圣索沃尔，这是她心灵的摇篮，也是她的灵感之源。她曾在圣索沃尔上学，那里将成为克罗蒂娜系列小说的领地。茜多妮·加布里埃尔给她的小学校长奥朗普·特兰留下了鲜明的印象，特兰表示："这只'高脚杯'为人活泼，心思细腻。她的精力异常充沛！欢快又幽默！……她用词无比精准，恰到好处，她的表达丰富多彩，总给人带来出乎意料的惊喜。"

对此，我们该如何解释克罗蒂娜的小学教师塞尔江小姐充满敌意而放肆的人物形象呢？柯莱特一家和奥朗普·特兰之间似乎建立了最良好的关系，于勒·柯莱特为校长庆祝生日作的诗就证明了这一点：

> 唉！如何表达自己
>
> 心太满，而神已枯？
>
> 原谅那些害羞的孩子，
>
> 他们只知道爱您。

1889 年 7 月，在欧塞尔，茜多妮·加布里埃尔和她的三个同学一起参加了初等和高等教育证书考试。考官差点给她打零分。当被问及墨水的化学成分时，她回答说："我在杂货店买了一些。"不过，她的法语作文成绩为 17/20，口头解读课文仅 10/20，算术 15/20，历史和地理 10/20，普通乐理 20/20，自然和物理科学 6/20。在考试的两天时间里，她换了三条裙子——这是真正的孔雀策略！

*

于勒·柯莱特有时会去巴黎见老战友，其中包括某位戈蒂耶-维拉尔，与引人注目的亨利·戈蒂耶-维拉尔有姻亲关系，后者生于1859年8月10日，人称"维利"，是一位知名戏剧专栏作家，笔名为亨利·莫吉或于勒·斯迈利。茜多妮·加布里埃尔陪父亲去巴黎，不久就结识了维利。维利还常与诗人和作家们往来，其中包括纪尧姆·阿波利奈尔、保罗·魏尔伦、亨利·德·雷尼埃等人。作为一名音乐评论家，他是《引座员》杂志的签约作家。这种多元的合作使他成为巴黎最左右逢源的人。他的家人拥有一家著名的书店兼印刷厂。

毫无疑问，茜多妮·加布里埃尔专心致志地注视着维利，就像看着巴黎剧院里的人物。当维利成为一个小男孩雅克的父亲时，情形发生了变化。雅克只有两岁，他的母亲，一个有夫之妇，去世了。据悉，维利联系了他在圣索沃尔昂皮赛的朋友，帮他在当地找一个奶妈。另外，阿基尔·罗比诺-杜克洛医生负责给婴儿做检查。他的妹妹经常陪他一起工作。维利来过柯莱特家吗？无论如何，我们都会欣赏这位十九岁少女的莽撞和勇敢，她很快就给亨利·戈蒂耶-维拉尔写了几封情书。《柯莱特手册》杂志发表了一些当时的文件：

我最亲爱的心上人，昨晚我整夜无法入睡，您离我太近，又太远。

维利每次去看望儿子，都是给茜多妮·加布里埃尔送礼物和交换书信的机会。另一方面，少女继续陪着父亲去巴黎，在那里和维利见面。他记录了一件事：有一天晚上，吃完晚饭后，茜多妮·加布里埃尔喝完酒有些醉意，他送她回家，在马车上，她对他说："如果我不是你的情妇，我会死的。"她当时十九岁，长长的辫子拍打着脚后跟，毫无疑问，她充满魅力。维利，三十三岁，颈围四十四厘米。宽檐帽、山羊胡和拿破仑三世风格的髭须是他的"标志形象"。不过，他们倒是很般配，她是个年轻的运动员，而他是个"秃顶、矮壮的山民，胡子很尖，像他的性格一样，简直就是皮科·德·拉·米兰多拉[1]本人"。

柯莱特这样解释这种奇怪而模棱两可的关系：

让我们认命地说，如果一个少女把手伸进毛茸茸的爪子里，把嘴伸向愤怒之唇贪婪的抽搐，平静地看着墙上陌生人巨大的雄性身影，那是因为肉欲的好奇在向她发出低声而有力的建议。

她也不得不承认，在"献出自己的二十岁，还是成为

1　皮科·德·拉·米兰多拉（Pic de la Mirandole，1463—1494）：意大利文艺复兴时期的哲学家。

小学教师"之间，她几乎没有选择。诚然，维利没有诱惑者的任何特征：

有力的头骨，与前额齐平的眼睛，鼻子短小，鼻梁不挺，位于低垂的脸颊之间，所有这些特征都汇入一条曲线……一张狭长、可爱、讨人喜欢的嘴……一个柔弱、小巧甚至精致的下巴。

柯莱特补充道：

维利并不壮硕，但胖嘟嘟的。

结婚预告很快就公布了。不久后，维利写信给他的弟弟阿尔贝·戈蒂耶-维拉尔："我将与柯莱特上尉的女儿（来自夏蒂庸）结婚……很高兴向这个家庭表示感谢，对雅克来说他们的友善令人感动。除此之外，她没有嫁妆，这让我们的父母不甚满意。"1893年5月15日，婚礼在夏蒂庸举行。

当时，维利的一封信唤起了"他那漂亮的小柯莱特的飞扬风采"。五十年后，柯莱特写道："没过多久，一个无良男人就把一位无知少女变成了放荡的神童，她不再计较自己的好恶。"

尽管他们结婚了，维利却从未停止拈花惹草。一封匿名信向加布里埃尔透露了她的厄运。她的丈夫和一个叫夏洛特·金斯勒的女人偷情……她坐车去了，居然发现她的丈夫……在检查情妇的账本。"你来找我吗？"他问道，跟在她身后。夏洛特被这夫妻间的冷漠惊呆了，抓起剪刀准备抵抗……

不久，茜多妮·加布里埃尔就病倒了——她患上了某种神经衰弱。她遭受的背叛使她加剧对巴黎这座城市的厌恶，这在她致母亲茜多的信中得到了体现。

1896年，维利追求了德·卡亚维夫人的一个女儿，她告诉了茜多妮·加布里埃尔。据一位亲近的人说，茜多妮又一次受到打击，险些失明——可能是因为她哭得太厉害了。

小说家维利是一个"车间"老板，这是他成功的源头。他手下有六七个专业性很高的"捉刀人"，可以委托他们由某个情节出发撰写一部短篇小说或者剧情草稿。第二个人和第三个人确定人物，第四个人拟定对话。维利则擅长整体构架，并带来模棱两可、尖锐犀利的名言。最后，一本书便产生了，由他厚颜无耻地署名，总共将近五十本，不仅有小说，还有专著，譬如《路易十五的婚姻》或《老兵回忆录》……许多文章也以同样的方法完成。这个车间是一座工厂，是这位英雄的心理的一个显著例证。

维利从来没有写过一本完整的书。因此，他是一位相当特殊的"作者"，更确切地说，他是一位"版式和格式编排者"，他投入了大量的时间和才华来伪造作品，这要比由他自己提笔，效率和收益高得多！

柯莱特就是在这种氛围中入伙的。1895年，她最初的"文学作品"是几部署名为柯莱特·戈蒂耶-维拉尔的音乐专栏文集，显然是由维利或他"车间"中的某位"作者"代笔的。不久之后，他就推出了一套丛书。

从美丽岛度假归来后，这对夫妇去了夏蒂庸。大概就是在那时，维利让她把"那些关于小学的记忆都甩到纸上"。茜多妮·加布里埃尔买了一些"灰条纹，红边框"的学生笔记本，然后开始写作。但"一切都在抽屉里结束了"。

小学校长奥朗普·特兰回忆说："在一次拜访中，戈蒂耶-维拉尔夫妇过来吃午饭，和一些老同学聚会，她们已经当上了小学老师，营造了一种记忆被唤起的氛围，维利可能听到了各种他在笔记本上没有读到的故事。"

在弗朗什-孔泰度完假后，维利回到巴黎，找出这些笔记本，然后重新阅读了它们。柯莱特的文学历程就此起步。

关于《克罗蒂娜在学校》的"真实性"，除了柯莱特强调维利建议她用女同性恋的嬉闹来"给文本加些刺激"以及维利反过来反驳说自己不得不缓和柯莱特的"粗暴"，我们只需注意到，1900 年，也就是作品写完三年后，保罗·奥伦多夫出版社出版的作品封面上，只有维利一个人的名字。在这三年间，手稿有没有经过多次修改呢？

维利以这部小说的作者之名造就了他的传奇。在许多年间，柯莱特不得不忍受别人对其丈夫的溢美之词，他在评论中毫不犹豫地强调了他年轻的妻子微小的智识作用。那个时代的女性几乎无法享有真正的文学权益。柯莱特也没有指望过。哪怕她想要追索著作权，从过往的司法判例来看，她也会被驳回。

《克罗蒂娜》很快便征服了巴黎，在出版界大获成功。有些夜总会也打着"蒙蒂尼女学生"的旗号，对少女之爱的暧昧性大加利用。维利按照一个约定俗成的方法，加印了明信片，毫不犹豫地进行摆拍。在照片中，他的头颅被光芒环绕，像一位圣人，又仿佛戴着一顶帽子，他面对柯莱特，她的眼睛抬起，充满爱意地望着他，矜持地拿着一副手套，显得既叛逆又顺从。在另一张照片中，柯莱特装扮成女学生的样子，跪在一张纸面前，纸上画着维利的肖像。

在写给茜多的信中，柯莱特将这几千份印刷品描述为"摄影狂热"，将其视为小说走向大众传媒的起源。不久之后还出现了纸制或木制的小雕像！维利成了一个品牌形象来被"销售"。

我们面对的故事很难界定。茜多妮·加布里埃尔知道自己在婚姻中遭到了背叛，《克罗蒂娜在学校》的出版被剥夺了冠名权，她在各方面都惨遭欺骗，但我们却发现她在乡间郊游时愉快地陪着她的"花花公子"骑自行车或在马恩河上泛舟。

我当时二十四岁，穿着佐阿夫军团的军装裤、波点短袖衬衫和用硬纱布支撑的气球袖，戴着蓝色海军划船帽……

她在《我的学习生涯》中这样描述。她很老实地接受了她的"奴隶地位"。

1902年确实是"克罗蒂娜年"。《克罗蒂娜在学校》被改编成戏剧后，小说《克罗蒂娜在巴黎》出版了。《克罗蒂娜在学校》在舒瓦瑟拱廊街上的巴黎喜剧院上演，这家剧院主要演出轻歌剧。克罗蒂娜由波莱尔[1]饰演；在维利的坚持下，柯莱特不得不剪掉自己的秀发，以达到跟女演员相像的效果……

柯莱特当时三十岁。在很多巴黎人看来，这对夫妇与波莱尔形成了一种"三角恋"形象。维利刻意维持着"广告式"的暧昧性，因为他还设法让两位女士身穿同样的"装

---

[1] 波莱尔（Polaire，1874—1939）：法国著名女演员，歌手，原名艾米丽·玛丽·布肖。维利与柯莱特的朋友。

束"。至于波莱尔，她讲述过自己是如何从歌舞厅被带走，并因为纤细的腰身和短发而被选中扮演这个角色，以及维利如何骄傲地展示这两位年轻女子，他的同伙。但柯莱特始终宣称波莱尔"从来不是维利的情妇"。

该剧一共演出了一百三十场，并获得了巨大成功。在这次成功的基础上，夫妻俩从库尔塞街 93 号搬到了 177 号乙的一套豪宅中，比贝斯科王子[1]曾经在那里住过。他占据了整个三楼，以此证明他在全巴黎人眼中的成功。

在《三—六—九》中，柯莱特介绍了这套新公寓。客厅中间用漆木栏杆隔开。维利——根据他儿子雅克的记忆——九点就起床了，穿着睡衣，无论睡觉时间是几点。看完戏剧或听完音乐会，写完稿子或修改评论后，快递员都在等着他。茜多妮·加布里埃尔则拥有一张小书桌，书桌位于狭窄的楼梯顶部，在一盏绿色的钟形吊灯下。一张照片重现了她在"艺术家车间"中的场景，里面配备了体操用的吊环和双杠。有时，她陪着维利一起坐马车。在大多数情况下，这辆马车则留给其他"克罗蒂娜"使用，她的丈夫像摘苹果一样把她们一一采撷。

早上，维利会在茜多妮·加布里埃尔的陪同下，骑着

1　安托万·比贝斯科（Antoine Bibesco，1878—1951）：罗马尼亚王子，小时候在巴黎生活，普鲁斯特的朋友。

桀骜不驯的马在树林里遛弯。晚上，在歌剧院和音乐会上，他大摆权威的架势，身后跟着一群毕恭毕敬的保镖。少了维利，任何彩排或宴会都无法进行。至于他的妻子，她会穿着男装神气活现地站在他身边，打扮得不像个小姑娘，倒像一位唯美主义者[1]……

茜多妮·加布里埃尔还有其他交往。除了巴莱斯丁（《克罗蒂娜在巴黎》中友好的马塞尔），一位她很欣赏的男同性恋，她还遇到了娜塔莉·克利福德·巴尼[2]，后者一直想重建一所萨福式的女子学院。她很快就看中了茜多妮·加布里埃尔，"一位腿部强壮的年轻女士，腰腹向下延伸至圆润的臀部，她言行坦率，猫科动物的沉默隐蔽在她神秘的三角身材中，那双美丽的湖蓝色丹凤眼里，不经意间便流露出一个眼神，无须刻意诱惑便摄人心魄"。作为美国女富豪，还是铁路先驱的继承人，娜塔莉曾是蕾妮·薇薇安[3]的

---

1 唯美主义学派都是男性，他们强调美学和艺术的重要性，反对自然主义和现实主义，认为每个人都应该有自己的审美标准和艺术追求，反对传统的道德和社会规范，对东方文化也很感兴趣。

2 娜塔莉·克利福德·巴尼（Natalie Clifford Barney，1876—1972）：美国作家，美国铁路大亨阿尔伯特·克利福德·巴尼之女。长期侨居巴黎，女同性恋，致力于促进女性写作，柯莱特的好友。

3 蕾妮·薇薇安（Renée Vivien，1877—1909）：英国诗人，用法语创作，19 世纪末最著名的女性偶像之一，外号"1900 年代的萨福"。三十二岁时因抑郁而绝食自杀。柯莱特的好友，柯莱特在《纯洁与不洁》中对她去世前的生活进行了影射。

朋友。是她带着茜多妮·加布里埃尔参加了一个派对，在派对上，马塔·哈里[1]赤身裸体在一群女人面前表演了一段爪哇舞。这些全新的人脉关系在《克罗蒂娜在婚后》中可以被感受到。在小说中，雷诺任由他的妻子对蕾姿产生热情，而他则是那个享有特权的偷窥狂……

正是在这段时间，她与维利的关系开始出现裂痕。柯莱特后来形容自己（以女主人公薇薇特·瓦利的身份——几乎是柯莱特·维利的字母异构词）是一个宁可选择男人背叛，也不愿任由自己的美丽身体怀孕变形的女人。也许正是在"布琼山庄"，身处孤独之中，她与维利保持了必要的距离，以便做出一个内心的决定。激情之火是由新朋友乔吉·劳尔-杜瓦尔[2]的到来而点燃的，这位年轻的美国女孩被维利本人描述为"具有危险的诱惑力，一个疯狂的女骗子。一个叛徒，热爱不必要的危险"。乔吉在背叛维利之后又背叛了柯莱特，两个人都对她的得意姿态颇有怨言。

《克罗蒂娜在婚后》的手稿经维利复核修改之后，不仅呈现了这位"导师"如何施加他在语法和校订方面的影响，

1　马塔·哈里（Mata Hari, 1876—1917）：荷兰著名交际花，以演出充满东方风情的舞蹈而名动一时，在一战期间与欧洲多国政要有染，最后因间谍罪被法军枪毙。

2　乔吉·劳尔-杜瓦尔（Georgie Raoul-Duval, 1866—1913）：美国女作家，1901年与柯莱特相识，产生了同性关系，不久与维利也发生了私情，三人一度共同出入，之后关系破裂。

而且展示了他是如何打算将女同性恋者蕾姿这个人物转变为乔吉的。这本书最初的名字是《恋爱中的克罗蒂娜》，维利把它交给出版商奥伦多夫，奥伦多夫将其出版……并立即进行了销毁。种种迹象表明，此书已全部出售给了乔吉·劳尔-杜瓦尔（国家图书馆还有一本）……这可能是一次获利颇丰的诈骗，因为在 1902 年 5 月，它以《克罗蒂娜在婚后》为最终书名，在阿尔弗雷德·瓦莱特[1] 经营的法兰西信使出版社再次发行。《法兰西信使》杂志在向作品致敬时，指出了其成功的模式："一位年轻女孩不可能在动物性中表露出更多真实的坦率。"这本书售出了七万册。

柯莱特的家庭生活即将结束。

商店的橱窗里，陈列着"克罗蒂娜"风格的紧身西装、轻薄衣领和帽子。媒体报道确保了新风尚的推广。明信片的数量更多了，上面印着波莱尔和柯莱特的照片。引人非议的作者出现在了所有报刊上。

《克罗蒂娜在婚后》是得以窥见这对夫妻复杂关系的宝贵信息来源。柯莱特不解地说道，她对维利以"您"相称，他却对柯莱特以"你"相称；然而，她在《我的学习生涯》中的描述却与此相反。她还注意到：

1　阿尔弗雷德·瓦莱特（Alfred Vallette，1858—1935）：法国作家，重建了《法兰西信使》杂志并创立了法兰西信使出版社。

快感在我看来是一种闪电般的、几近阴郁的奇迹……似乎对他而言——我感觉这导致了我们分手——快感是由欲望、邪念、轻松的好奇心和坚持放纵组成的。愉悦对他而言是快乐、清澈和轻松的；而它却让我不知所措，在我寻找和恐惧的一种神秘的绝望中把我击溃。

我们可以通过柯莱特在《纯洁与不洁》中进行的反思将她关于同性之爱的话语引申开来：

我的快感，与爱抚无关……

我们甚至可以想象作者和她的女主人公以她在小说结尾描绘的态度出现：

我的整个白天都在寻觅中流逝，一步一步，一点一点，我的童年散落在老房子的角落里；透过有力的紫藤缠绕的栅栏铁条，看着远方的鹌鹑山不断变幻，泛白然后发紫。

但如何才能再次找到"真相"呢？我们应该如何评价这种新的生命冲动呢？它将决定柯莱特的态度，但她的各种意图之间却存在矛盾。

我没想过逃跑。去哪里？如何谋生？这始终是茜多的顾虑。我总是毫不妥协地拒绝回到她的身边，拒绝承认……必须明白我身无一物。也必须明白，一个俘虏，不管是动物还是人，不会总想要逃……逃跑？我们怎么能逃得了呢……我们这些1900年前后来自外省的姑娘，把婚后出走臆想为一个庞大而难以实现的念头，充斥着宪兵、鼓鼓囊囊的行李箱和厚厚的女式面纱，更不用说查看各种火车时刻表了……

在小说《克洛蒂娜走了》中，维利塑造了让·德·卡托泽尔这个人物，他是一个强硬的看门人，长着一张马夫脸，我们可以辨认出他的原型是让·德·米蒂[1]，一位曾向他发起决斗而受伤的小说家。维利不得不向他致歉，但并未修改原文。

这类新闻为他的新书《王子的情人》提供了卖点，该书的封面插图是一张波莱尔化装成克罗蒂娜的照片。小说以克罗蒂娜的一封信作为开场，宣告了一段尚未破裂但已成绝响的关系："你要抛弃我！"在书封底，我们可以看到维利在爱抚两个年轻女子，其中包括正在洗澡的克罗蒂娜。该书以连载形式出版，被检察机关以淫秽罪（"过长的香艳场景"）起诉。维利一如既往地利用这种反对意见来确保小说的推广，《王子的情人》出版时附带了一份审判报告，让作

1　让·德·米蒂（Jean de Mitty，1864—1911）：法国作家。

品看上去更加"刺激"，也将作者写成了受害者，展现出这种攻击是对于《克罗蒂娜》系列作者的嫉妒。

随后，维利出版了一部短篇小说《明妮》，并且否认了茜多妮·加布里埃尔的作者身份。明妮渴望成为她的表哥、一个粗暴情人的情妇。在第二部作品《明妮的浪荡》中，女主人公试图在艳遇中体验她的丈夫没有带给过她的感受；但她最终还是与他共赴极乐。

茜多妮·加布里埃尔第一次尝试获得作者的自主权以及大众的认可，虽然徒劳无功，却表明了她的决心。1909年，她将这两本书以《淳朴的放荡者》为名出版。这标志着她对维利的一次胜利，也是对摆脱束缚的女性的风格的认可。很快，柯莱特就会展现出她性格中的所有复杂性。

但茜多妮·加布里埃尔并不知道自己已经变成了柯莱特。她还是那个需要得到认可的受辱女人，还是那个试图逃离后宫的奴隶，那个发现自身才华的作家以及艰难求生的可怜人。她唯一的财富就是她农民般充沛的精力和老练灵巧的意志，她大胆地绕过各种带有强迫性的遭遇，每一次都能发现某种抵御方法，主要是她童年时爱与本能的根源，对故乡及其风景的记忆，还有对"把她带到这个世界上"的人们的追忆。这种过往存在的可笑痕迹，似乎被她所处的社会谴责，离她愈发遥远，但在它消散前，会构成一笔"传说中的"遗产宝藏。幸而她的私人记忆仍历历在目（哪怕只是她的声音中勃艮第人发小舌音"r"的方式），柯莱特，在半个世纪的时间里，将使她的每位读者重新体验到一种"风土人情"，提供了来自另一个时代的魅力与真实。从影响力日渐式微的19世纪到已经来临的20世纪，客观性和知性已经从埃菲尔铁塔的建筑风格中初显端倪，在这种社会文化环境中，她将保存一种特殊的文学类型以及农耕世界的诸多诗意。柯莱特是一个"突变的"女人——是一位具有科学眼光的观察者—— 一位新时代传播乡村知识的认识论者。

新世纪刚刚降临，随之而来的，是蒸汽机车、钢铁建筑、电力、自来水、汽车飞机和原子，它们意味着科学和进步，但也使民族主义发酵。19世纪的价值准则崩塌了，让维利这样的人物得以出现，他们利用新式传播媒介的全部资源来博取公众信任，新媒介在发展伊始就服务于一群最卑鄙的人。

*

1906年5月1日，柯莱特与维利协议分割了财产，这是他们俩债务沉重、生活奢靡和相互挑衅的结果。

维利遇见了二十岁的梅格[1]（真名玛格丽特·马尼埃斯，出生于英国的舞蹈家，父母是法国人）。她在向维利索取一册签名本《克罗蒂娜》时勾引了他。梅格见到了茜多

---

1 梅格·维拉尔（Meg Villars，1885—1960）：英国女演员，维利的下一任妻子。

妮·加布里埃尔。他们三人相爱了。据说，他们逐渐发展出一段"三角恋"关系——这正是维利喜欢的模式……梅格在给茜多妮·加布里埃尔的信中写道："从来没有哪个夜晚像昨夜那样让我感到如此漫长，现在我还能感觉到昨天你时不时落在我身上的拍打。如果我说自己很爱你，这只是说说而已……但我已经被你迷住了，所以我又不得不这么说。"1911年，维利在二婚时娶了梅格。

维利在不自知的情况下，给柯莱特提供了另一个令她梦寐以求的机会，动机当然不纯。在他的交际圈里，娜塔莉·克利福德·巴尼红极一时，为了提升自己在圈子里的地位，他打算撰写一部哑剧，让他的配偶在1905年年底讷伊的花园派对上献舞。茜多妮·加布里埃尔扮演了一位爱上仙女的牧羊人，仙女则由伊娃·帕尔默[1]扮演。多亏了这一次玩闹，否则谁能想到她会在哑剧和舞蹈方面发掘出自己全新的社会角色呢？在不到一年时间里，她就做出了决定。她遇到了乔治·瓦格[2]（年纪比她小一岁），一位专业的舞蹈家和舞台艺人，一位"美好年代[3]的哑剧演员"。经由他介

1　伊娃·帕尔默（Eva Palmer，1874—1952）：美国学者，钻研古希腊文化。柯莱特和巴尼的朋友。

2　乔治·瓦格（Georges Wague，1874—1965）：法国哑剧演员，教导过柯莱特哑剧的演出技巧并多有合作。

3　美好年代特指欧洲19世纪末至第一次世界大战开始之前的一段时间，科学进步，经济腾飞，和平繁荣。

绍，1906 年 2 月 6 日，在马图兰剧院，她得以在哑剧《欲望、幻想与爱情》中扮演一位羊神。她签下的合同把她从布鲁塞尔带到了蒙特卡洛。借助维利特·科利和乔治·布拉格（《流浪女伶》）这两个人物，她讲述了关于歌舞剧场的最初记忆，并解释说，是她"糟糕的口音"迫使她选择哑剧而非话剧。在舞台上，她的"生命冲动"独占了观众的注意力。

除了柯莱特正在经历的动荡，两起丧事也使她心烦意乱。1905 年 2 月，三十七岁的马塞尔·施沃布[1]死于鼠疫，9 月，一则令人悲痛欲绝的消息成为她人生的转折点，她的父亲于勒·柯莱特在七十六岁生日前夕去世。维利和茜多妮·加布里埃尔乘坐一辆租来的汽车，经过一番艰辛的旅程，一路上爆了三个轮胎，才姗姗来迟赶到墓地。黄色的木质棺材上覆盖着佐阿夫军团上尉的旧制服，上面挂满了勋章：

茜多步履坚定地陪着他走到墓穴边缘，她身形矮小，面纱下神情坚毅，只为他一人低声诉说爱的话语。

茜多妮·加布里埃尔带回巴黎"一条克里米亚绶带、一枚意大利勋章、一枚荣誉军团受勋者佩戴的玫瑰章和一张

1　马塞尔·施沃布（Marcel Schwob，1867—1905）：法国作家。1900 年与柯莱特的好友玛格丽特·莫雷诺结婚。同时也是柯莱特的好朋友。

照片"，但她真正的遗产，是明确了自己的志向。

刚一回来，她就在维利的短剧《老实人不会吃亏》中饰演了一个男性角色—— 一位子爵。评论界认为，她的活泼使人们忘记了她的勃艮第口音。因此，在 4 月 1 日的《高卢人报》上，可以读到这样的评论："她从舞台上飞速走过，舌尖颤动发出 r 音，笑得直跺脚，自得其乐，还把同伴们都给逗乐了，能和这位非凡的女性一起演出，令他们感到十分愉快。"

夏天的时候，她在著名的奥林匹亚歌舞剧场排演了一出全新的哑剧《吉卜赛女郎》。库农斯基，这位"听话的捉刀人"收到了维利的来信，请求他在《巴黎在歌唱》他自己的专栏中对这场戏予以充分关注——当然，库农斯基也照做了。

1906 年 10 月，有新闻报道宣布了"维利和柯莱特离婚"的消息，以及他们下一部小说可能会取《克罗蒂娜离婚》这个题目。新闻编辑不禁要寻思，如果像乔治·桑和阿尔弗雷德·德·缪塞一样在分手后写下《她和他》还有《他和她》[1]，那么维利和柯莱特也许不久就会出版一本《她们》。但由于是女字旁的"她"，柯莱特会暴露自己。

1　乔治·桑和阿尔弗雷德·德·缪塞曾在 20 世纪 30 年代相恋，之后分手。1859 年，乔治·桑发表了小说《她和他》，回忆了早年与缪塞的恋情。此时，缪塞已经去世，缪塞的兄长保罗–艾德姆·德·缪塞认为乔治·桑在小说中对弟弟进行了丑化，在六个月之后出版《他和她》予以回应。

似乎运用了维利的媒体宣传方法，柯莱特借机制造了这个丑闻，以便更好地呈现她的作品。在离开维利之后，她搬到了维勒茹斯特街，也就是现在的保罗·瓦莱里街，靠近乔治·维勒街米茜[1]（也就是贝尔伯夫侯爵夫人）的寓所。柯莱特的哥哥阿基尔把他继承的家具都留给了她。她的朋友、舞蹈大师乔治·瓦格接受了她的请求，为这位"侯爵夫人"上了几堂课，使其得以借用"伊西姆"这个假名出演《吉普赛女郎》中的男性角色。柯莱特以前曾在奥林匹亚歌舞剧场跳过这场戏，这次要在艺术俱乐部的特定观众面前表演。1906年11月17日的《日报》用大标题报道了这则新闻："前贝尔伯夫侯爵夫人出演哑剧。"米茜扮作男士，和袒胸露肩、身子向对方倾斜的柯莱特，她俩在这个场合被拍成了一对情侣。文章强调了侯爵夫人的优雅，因排练需要而女扮男装。柯莱特饰演的人物则出现在一片可疑的阴影中……

演出海报上的文字"《埃及之梦》，由莫尼侯爵夫人伊西姆和柯莱特·维利出演"煽动起官方丑闻。原计划演出十场。1907年1月3日进行彩排。《费加罗报》报道称，在一个人人盛装打扮、座无虚席的剧场前，"两个声名狼藉的

1　马蒂尔德·德·莫尼（Mathilde de Morny，1863—1944）：法国艺术家。小名"米茜"，艺名"伊西姆"。1881年与贝尔伯夫侯爵结婚，1903年离异。与柯莱特关系密切，成为同性恋人，曾多次女扮男装共同出演舞台剧。

人物"登台。这部作品应"归功于一位侯爵夫人，她以艺名伊西姆为人熟知"。帷幕拉开的同时，掀起了一阵骚乱："在这个十五分钟的哑剧里，骚动一刻也没有停止，表演者们顶着暴风骤雨，顽强地坚持表演，相信自己配得上更辉煌的事业。"当柯莱特想要模拟一个与侯爵夫人欢爱的场面时，有人大喊："滚出去！"然后妇女们纷纷把靠垫扔到舞台上。后来维利在一间包厢里被人认了出来，众怒之下成了众矢之的。他不得不被护送出剧场。有三百多人想要打他。警方也介入了。

剧院管理部门决定推迟演出，行政长官也跟着宣布禁演。第二天，维利的专栏就被《巴黎回声报》（大型保守派报纸）开革了，因此失去了年十五万法郎的收入。这一决定导致他与柯莱特彻底决裂，夫妻分居。从1907年2月起，维利得到了这套房产的所有权。

4月27日，《巴黎人报》发表了《动物对话录》中的一篇《托比犬在说话》。柯莱特在其中发出了自己的声音：

我想做自己想做的事……我想表演哑剧甚至喜剧。如果内衣束缚我，让我的体形出丑，那么我就要一丝不挂地舞蹈……我想写哀伤而纯洁的书……我想珍惜爱我的人，把世界上属于我的一切都献给此人；我拒绝分享的我的身体，我如此柔软的身体，还有我的自由！

我们不无惊讶地注意到，这篇文字是献给"梅格小姐"的。在另一部短篇小说《白夜》中，她继续着她的追寻：

你赐予我的快感宛如一场拯救。

这对前配偶之间的矛盾已经恶化到了堪称典范的程度。西尔万·邦马里奇[1]是一个明显的性别歧视者，也是维利的朋友，作为见证者，他这样说道："我在丑闻发生数月后找到了柯莱特。维利曾强迫她分手；但这种分手主要停留在理论层面。柯莱特身无分文、极度慌乱，只想不惜一切代价恢复夫妻关系。与此同时，与她同居半年的贝尔伯夫夫人对她百般刁难，还企图用马鞭驯服她。"

1907 年 6 月，维利与出版商奥伦多夫及瓦莱特起草了一份秘密协议，他同意放弃《克罗蒂娜》系列的版权，以换取一笔一次性的费用，同时禁止柯莱特从她过去撰写的作品中获取任何收益。柯莱特在得知这一背叛行为时，才和他彻底决裂。

从此刻起，柯莱特靠着哑剧、话剧和小说，就可以应对当下的迫切需求——当然还有米茜小姐，总是宠着她，送

---

1 西尔万·邦马里奇（Sylvain Bonmariage，1887—1966）：法国作家。著有《维利、柯莱特和我》，见证了维利与柯莱特的婚姻关系，但由于该书的立场而长期遭到柯莱特爱好者们抵制。

她各种珠宝，对她的任性百般纵容。

1908年1月至9月，《巴黎生活报》以"柯莱特日记"为题发表了《葡萄的卷须》，并大胆使用了风月场所的女子画像作为插图。该书于11月出版。纪尧姆·阿波利奈尔在《页边》杂志上开玩笑地以路易丝·拉兰娜为笔名写道："没有任何一位女作家像柯莱特·维利一样，让她的同代人感到如此好奇、欣喜和愤慨。在让全世界了解到她的家庭风波后，她想向公众展示自己如何从困境中脱身。这其中没有任何无理取闹，展现了良好的风度。她在书中直截了当地呈现了一个淘气但并不邪恶的灵魂，通过自我满足驱走一切焦虑，柯莱特·维利认为，她也应该在舞台上展现自己的身体。因此，她摆脱了羞耻心，凭着古罗马人的天性走进了马戏团。"对于《葡萄的卷须》，阿波利奈尔这样评价道："这本迷人的作品将是一笔非凡的财富。诚然，因为它自身的优美，它的成功得以保证。它拥有这种将男性书籍排除在外，只有少数女性作品才会释放出来的魅力，这对于文学的荣耀来说太过于罕见。"

12月，柯莱特与巴雷巡回剧团签订了六个月的合同。她每四天就要表演一个新节目，从马赛到阿维尼翁，从土伦到尼姆，从波尔多到雷恩，总共进行了三十三场演出。她在给茜多的信中写道：

茫然、饥饿和疲劳都是常态……这是一所好学校，但很艰苦……我演的假小孩令人难以忍受，观众们却觉得我最细微的鬼脸都很迷人，其实我根本是个门外汉。

柯莱特计划在米茜陪同下前往另外三十座城市进行新一轮巡演。出发前，她委托《巴黎生活报》发表了《流浪女伶》第一部。该书于1910年5月21日出版。封面是一名女演员在化妆，封底则是一名穿着低胸装、光着双腿的女演员。

趁着剧院停演的空档，米茜和柯莱特继续寻找她们梦想中的家园——罗兹文。他们在圣马洛附近的一座小山上发现了这座宅邸，它俯瞰着海湾，毗邻一片僻静的海滩。她们提出用现金支付。房东拒绝把屋子卖给米茜，因为她的着装像个男人。于是，罗兹文的房产就被归入柯莱特名下，金额为七万法郎。

1910年6月21日，柯莱特和维利宣布离婚。维利表示，他接下来会出版一部作品，名为《茜多妮，或堕落的村姑》，对柯莱特的言论进行回应。他还计划创作一部轻歌剧《克罗蒂娜》。柯莱特表示反对，这个书名归她所有，因而当轻歌剧完成后，她获得了一半的版权。

《流浪女伶》终于出版了。这部小说在第一轮龚古尔奖评选中获得了两票，纪尧姆·阿波利奈尔的《异端首领》则获得了三票。最终，《从狐狸到喜鹊》的作者路易·佩尔戈[1]获奖。他的作品也让动物们开口说话了。

柯莱特用她岁月的针线编织了一场无与伦比的文学历程，仿佛现实中遇到的每件事、每个人物都被移植和重塑，激发出虚构的情节和想象力，生活的谎言在此过程中被转换成了许多简单有力的真理。在《情感退隐》中，我们记忆里的"布琼山庄"就这样变成了"卡萨梅内"。

柯莱特透露了她的秘密，揭开了她小说的神秘面纱。她坦言道：

在我写《情感退隐》的时候，写到安妮（一个爱很多男人的年轻女人）和马塞尔（一个根本不爱女人的男人）的小小冒险，我正在培养一些与文学无关的力量。但如果我绷得太紧，它们就会屈服。我还没有达到想要逃离婚姻和家庭的地步，也没有想要逃离比家庭更婚姻化的工作。但我正在改变。速度慢也没关系！一切在于改变。

谁能抗拒她的邀请去聆听：

1　路易·佩尔戈（Louis Pergaud，1882—1915）：法国作家，1910 年依靠短篇小说集《从狐狸到喜鹊》获得龚古尔奖。

一只蟾蜍在傍晚时分欢唱，带着充满爱意的嗓音，珠圆玉润。黄昏时分，它会猎捕最后一只飞蝇，猎捕那些躺在石头缝里的小蠕虫。它既恭敬又安心，不时看我一眼，然后用一只人类的手掌靠在墙上，站立起来咬住猎物……我可以听到它那张宽大的嘴发出"么"的一声……当它休息时，眼皮的移动是那样忧郁和傲慢，以至于我不敢和它说话。

对于她刚刚征服的新生活，她既流露出煎熬，也表现出快乐：

孤独……自由……我作为哑剧演员和舞蹈演员愉快而辛苦的工作……幸福而疲惫的肌肉，从别的担忧中松懈下来而进入全新的对饭食、衣裙、房租的担忧……还有粗暴的不信任，对环境的厌恶，我生活其中，忍受其苦，还有对人的恐惧，颇为愚蠢，既包括男人也包括女人……还有一种很快就传到我身上的奇怪感觉，感觉自己离群索居，被我的同类保护起来，只有在舞台上，火的屏障让我抵御一切。

还有一幕也同样充满神秘感，在最刺眼的光线下，柯莱特当着所有人的面，说要实施她孤绝的蜕变。对精神分析师来说，这是一个多么重大的发现啊……

全新的柯莱特讲述了她对自由的征服过程：

喔，是的，出发，再出发，忘记我自己是谁，忘记昨天庇护我的城市之名，几乎不去思考，只记得火车两侧不断变幻的美丽风景，蓝天变绿的铅灰时光，燕子环飞的钟楼上镂空的尖顶。

她回答了自身的疑问：

自由只有在爱情和初恋伊始才真正耀眼夺目；有一天，当我们把自由献给所爱之人时，可以说：请拿着吧！我还想给你更多……

但人们如何保持对于自由的幻想呢？

来不及逃跑了，我又一次见到了我无情的顾问，那个在镜子里和我说话的人……

这面镜子说道：

我已不再年轻，不再热情，也再也无法大方地重新开始一段婚姻或者二人生活……我只想要爱情，嗯，只要爱情……

三十七年的人生就这样如同海绵一样饱含精华，收拢在一张由八部小说构成的大网中，唯有作者才能保证想象力和真实性。

爱的季节

对于朋友们和公共舆论，西尔万·邦马里奇这样说道："维利的精神有些特别。这是一种奇妙的精神，像拉罗什富科那样生硬，但用当今批评家的话说，他却通过自己的'在场'来进行调味。如果你把维利的某个特征去掉，让他自信而强有力的个性显露出来，他就离奇地贬值了。"维利的行为和个性，其实是一个刚刚进入景观和"娱乐业"世纪的社会写照，这个社会失去了曾经的准则和等级制度，仅偏重于表象的价值。

这位邦马里奇也描绘了柯莱特的形象："一个盛装打扮的小农妇形象，不大善解人意，做事冒冒失失！雷米·德·古尔蒙怀疑她是不是在故意胡闹。让·马诺德对我坦言，'第一次见到柯莱特时，我很好奇像维利这样的杰出男士怎么会娶一个没教养的冒失鬼为妻'。"

因此，邦马里奇盛赞了维利这位"我所认识的最聪明的人物之一，他永远不会承认自己做错了"。他似乎不明白这种描述正是对其智慧的否定，更让我们不由自主地联想到，与柯莱特分开后，维利再也无法创作或出版任何一部作品，去自负而令人信服地跨越"文字游戏"、色情和讽刺文学的局限——这才是对他最好的定义。

柯莱特，在1910年至1926年间出版的七部新小说中，不仅表现出独特的写作风格，而且她还主动出击，去征服这片"阳光下的一席之地"，这是她最明确的目标。一方面，她想在一个能让她维生的"职业"中获得成功；另一方面，她又想通过同时成为哑剧演员、戏剧演员、记者和评论家来维持自己在社会上的成功，从而确定一个拥有真正独创性的作家身份——按照勒内·吉鲁安[1]的看法，她的身份可谓独一无二。

柯莱特于是拥有了两种生存手段：一方面是演戏和写作（她在报刊上发表短篇小说），另一方面是米茜（她那位"招人非议"的保护人）的支持。她的知己——除了茜多——还有莱昂·哈梅尔[2]，她在一次夜间演出后与他邂逅。这个五十岁的男人仪表堂堂，善于倾听。他们之间的书信可以让我们更加了解柯莱特当时的境况。

有一天，柯莱特在沙龙中遇到了《晨报》的联合主编

1　勒内·吉鲁安（René Gillouin，1881—1971）：法国批评家。

2　莱昂·哈梅尔（Léon Hamel，1858—1917）：柯莱特的好友。

亨利·德·朱弗内尔·戴·于尔桑男爵（他每半个月与斯特凡·洛桑[1]轮换），她抓住了机会。这份日报当时的销量为一百万份，正在与巴黎不少于四十六家报社竞争，其中规模最大的四家是《小巴黎人报》《日报》《小报》和《巴黎回声报》。它们加在一起每天拥有六百万读者。男爵出生于 1876 年 4 月，比茜多妮·加布里埃尔晚了三年，当时三十四岁，他的贵族头衔只能追溯至第二帝国时期。他的母亲是拉纳元帅[2]和佩里埃家族[3]的后裔，他们在整个 19 世纪为国家贡献了卡西米尔世家、银行家、贵族院议员、参议员、众议员、部长或部长会议主席等一系列著名人物。当亨利·德·朱弗内尔想要进入《晨报》工作时，主编洛桑曾轻蔑地予以阻挠，但家族友谊使他有机会直接面见报社老板莫里斯·布瑙–瓦里拉[4]，又依靠杰出的激进党成员阿尔弗雷德·博阿斯[5]的关照，这位男爵进入了领导层，他当

1　斯特凡·洛桑（Stéphane Lauzanne，1874—1958）：法国记者，从 1901 年开始担任《晨报》主编直至 1944 年。

2　让·拉纳（Jean Lannes，1769—1809）：法国名将，元帅，拿破仑手下最优秀的将领之一。

3　其中最出名的是卡西米尔·皮埃尔·佩里埃（Casimir Pierre Périer，1777—1832），法国著名政治人物。

4　莫里斯·布瑙–瓦里拉（Maurice Bunau-Varilla，1856—1944）：法国商人，《晨报》的老板。

5　阿尔弗雷德·博阿斯（Alfred Boas，1846—1909）：法国政客。朱弗内尔在1902 年娶了博阿斯的长女萨拉–克莱尔·博阿斯（Sarah-Claire Boas，1879—1967），二人于 1912 年离婚，婚后育有一子。

时正打算与博阿斯的女儿克莱尔成婚。1903年这对夫妻生了个儿子，名叫贝尔特朗。

多年来，亨利一直有一个半公开的情妇——伊莎贝拉·德·康明斯[1]，她因为多疑暴躁的性格，被称为"猎豹"。二人有一个私生子，名叫雷诺，出生于1907年，与康明斯一家生活在一起。在柯莱特根据自己的生平事迹写成的小说《桎梏》中，她展现了自己的替身蕾妮·内雷在瑞士居住期间，为躲避"豹子"的追捕而努力逃亡和躲藏的故事。

对柯莱特来说，最关键的事情是在《晨报》上发表作品。1910年12月2日，她的第一部"短篇小说"发表了，在正文之前，洛桑附上一则简短的通告："今天在《晨报》上发表的故事，署名被遮住了。在这只神秘的狼身之下，隐藏着一位女文人，她是这个时代最优秀的作家之一。"当亨利·德·朱弗内尔轮值主编时，柯莱特便能够为她的文章署名，公开宣告"是我：柯莱特"，就像亨利·巴比塞和大罗斯尼[2]等所有《晨报》作者一样。不过，她不会忘记洛桑的冒犯。

1　伊莎贝拉·德·康明斯（Isabelle de Comminges，1874—1953）：法国作家，朱弗内尔的情人。

2　大罗斯尼（J.-H. Rosny aîné，1856—1940）：法国作家。

1911 年 6 月底，柯莱特入住瑞士洛桑附近位于莱芒湖畔的欧奇城堡旅馆。她在等着"浑身是伤，胳膊不能动弹"的亨利，他刚和一家报刊编辑部的秘书进行了一场决斗，这家报社是他的竞争对手。两人都动到彼此的前臂。

如果我们相信《桎梏》后面的内容，那么使柯莱特与朱弗内尔相互结合的欲望也让他们的关系变得岌岌可危。《桎梏》的女主人公蕾妮——也许是为柯莱特说的——这样谈到亨利（也许是小说中的让）：

为什么要拿无用的言辞来污蔑我们这对虽不和睦但很般配的夫妻呢？为什么不去完整地模仿让充满诱惑的轻率行为呢？他想在同一片屋檐下加入我们这些外乡人淫逸的生活。

他们确实会接受彼此。茜多则表达了她的疑惑："这个新来的小天使，他能找到什么送给你呢？科莫湖上的别墅吗？"

柯莱特于 7 月回到罗兹文，而亨利·德·朱弗内尔为了与她一同生活，正在巴黎布置他的单身公寓。她写道：

我喜欢这个男人，他温柔、善妒、不善交际、诚实得无可救药。

这对恋人在朱弗内尔的家人位于卡斯特-诺维尔[1]的城堡中重聚。茜多写道:"你已经为自己找到了一个主人!可怜的宝贝,去吧!"作为回复,柯莱特发给她一张城堡的照片,塔楼和窗户俯瞰着山丘。在信中,她谈到了"全新的未来",这张明信片的出现仿佛一个梦幻的标志,表达了"流浪女伶"的梦想,在公共舞台上赤裸出演,始终保持警惕,寻求日常需求的答案,并觉察到她的悲剧遭遇潜在的解决方案。

与此同时,她的新生活仍在继续。柯莱特在巴塔克兰剧院演出,那是一家带歌舞表演的咖啡馆,位于共和广场附近的伏尔泰大道上。剧目是哑剧《非洲蝙蝠》,由乔治·瓦格改编自阿里斯蒂德·布吕昂[2]的一本小说。"尽管乐队纪律涣散,排练不足",8月28日的首映还是获得了成功。

柯莱特在朱弗内尔的老宅里搭建了她的爱巢,四周有花园围绕,屋内的浴室曾是一间犬舍。她甚至成了一名好厨师。日常生活中的每一件大事对她而言都变成了一个"主题",乃至爱情中的争吵也变成了"诉苦"。

在媒体上,我们看到她在不断撰写新闻报道:飞机上、飞艇里、热气球上……或者法院的刑事法庭上,从讲述悲剧

1　卡斯特-诺维尔城堡位于法国西南部,属于朱弗内尔家族。

2　阿里斯蒂德·布吕昂(Aristide Bruant,1851—1925):法国歌手、作家。

性的事件出发，描述公众和证人的言行举止，或者带领她的读者在处决无政府主义者于勒·邦诺[1]及其同伙的时候去围攻警察。亨利·德·朱弗内尔聪明地为柯莱特提供了许多执笔的机会。

舞台演出也在推进。继《肉体》之后，柯莱特和乔治·瓦格一起出演了一部新哑剧《夜鸟》。她身着彩绘内衣，浓妆艳抹，演绎一只小猫。她被关在一座雕像底部，忽然之间，她跳了出来，张牙舞爪。1912 年 5 月，《幻想曲》周刊呈现了她身着戏服、脸上涂着胡须、摆出杂技姿势的样貌。

柯莱特在这段时间写下了《桎梏》，对我们来说，这是她灵魂状态的一面镜子。她笔下的主人公这样说道：

我相信很多女人首先会像我一样流浪，然后再回到属于她们的位置，一个低于男人的位置。

但有一件事将再次改变她的生活轨迹。饱受病痛折磨的茜多写信给她的女儿说："想不到我可能在死前都见不到你了！"对小说家来说：

1　于勒·邦诺（Jules Bonnot，1876—1912）：法国无政府主义者，由于抢劫和凶杀被判处死刑，1912 年由于暴力拒捕被警方击毙。1913 年，邦诺的其他同伙受到了法庭审判。

她圣洁的母亲令人难以忍受，不是因为她病得更重了，而是因为她产生了一种恐慌："我想见我的女儿。"

最重要的是，柯莱特怀孕了。她把这个消息告诉了"西迪"——亨利的绰号，但不敢向母亲茜多坦白。亨利·德·朱弗内尔做出了让柯莱特感到惊讶的决定。他决定向她求婚。这个计划并不是为了收买茜多。1912年12月19日，他们在十六区市政厅悄无声息地结婚了。

与此同时，柯莱特于9月在巴塔克兰剧院再次演出了《夜鸟》。25日，在演出过程中，茜多去世了：

"母亲前天死了，"她写信给哈梅尔，"我不想去参加葬礼。我几乎没有告诉任何人，也没有披麻戴孝。"

她没有去夏蒂庸，而是在卡斯特－诺维尔的城堡中避难。这也许是对茜多的某种致敬，是变成男爵夫人的流浪女伶的回应。

这对夫妇随后与波利尼亚克一家一起去了南方。然而，柯莱特心里仍有疑虑。她向哈梅尔吐露了心声：

一切都在推动着我们前进，晴朗无云的天气，移动的渴望，波利尼亚克的快车，同时身处两地的需要，西迪对生活的年轻胃口。

不过，她并没有放弃她的任何活动。虽然她还没有完成《桎梏》，但从3月开始，小说便以连载形式在《巴黎生活报》上刊载。她向乔治·瓦格坦白了这个想法：

只有我的小说在折磨我……我觉得自己每天都在重复！

不久之后，新的《动物对话录》出版了，然后是《歌舞剧场幕后》，仿佛翻开了新的一页。《母爱》则展示了一位准妈妈的日常生活：

当时，她的日常生活由乘坐火车和汽车旅行、表演哑剧和跳舞组成。

至于她的小女儿，绰号"漂亮加祖"，因为茜多曾用这样的方式称呼她，女儿被一个护士带到八岁，之后被送往寄宿学校，没有接受过任何宗教教育，这也是她父亲的愿望，让她日后自由地做出选择。

生活还在继续。在《晨报》上，柯莱特开辟了《柯莱特日记》专栏，她在其中勾勒了日常生活中的人与事。她的讲座，她公开朗诵的《动物对话录》，她组织的晚间聚会，这一切都使她名声大振。

这对夫妇的社交生活非常丰富。眼光敏锐的娜塔莉·克利福德·巴尼向她的朋友们宣布，柯莱特"充满爱意而且英勇地"在一座真正的家园里安顿了下来，有了英俊的丈夫，有宝宝、保姆和一些用人……但有所保留：她会留着"这个高大、黑发、正值壮年、聪明而自负、如此讨女人喜欢的男人"多久呢？

1914 年 7 月，柯莱特在默片明星穆西多拉[1]的陪伴下享受着"疯狂的快乐"，她去了罗兹文的偏远海滩，在大西洋的海水中裸泳。6 月 28 日，在萨拉热窝，一名塞尔维亚民族主义者刺杀了弗朗茨·斐迪南大公；奥匈帝国立即对塞尔维亚宣战。英国和法国作为这个小国的保护者前来协防。德皇威廉二世站在他的奥地利表亲一边。8 月 1 日，法国进行了总动员。亨利·德·朱弗内尔在《晨报》上保持观望。柯莱特则在圣马洛听到了这个消息，当时她看到一些海报，号召所有身体健康的男子参军。然后，战斗打响了。后来，德军被挡在了马恩河，亨利·德·朱弗内尔则被派往凡尔登，

1　穆西多拉（Musidora，1889—1957）：原名让娜·罗克，法国女演员、导演。在巴塔克兰剧院演出时与柯莱特相识。在 1916 年和 1917 年把柯莱特的小说《明妮》和《流浪女伶》拍成了电影。

那里是抵抗的中心[1]。

在此期间,柯坦贝尔街变成了一个"法伦斯泰尔"[2]式的中枢机构。柯莱特负责做饭,小说家安妮·德·佩恩为罗贝尔·德·朱弗内尔[3]主管的报纸《作品》撰稿,穆西多拉负责购物。这三个女人把她们的资源全都汇集到了一起。此外,在扬松·德·赛利中学里设了医院,柯莱特去那里当护士、值夜班,并坚持撰写专栏《战争日记》,全部文章于1917年结集成书,题名为《漫长的时日》(书中收录了《一个佐拉夫士兵》,向她的父亲致敬)。

不过柯莱特对前线也算有所了解。1914年圣诞节,她去凡尔登探访,在进攻期间一直闭门不出。她写信给哈梅尔:

晚上,西迪回到了他的后宫。

她还写信给乔治·瓦格:

我是被幽禁、被宠爱、被养肥的母老鼠,充满安逸和

1　法军在马恩河战役中挡住了德军的锐利攻势,之后在凡尔登地区与德军展开鏖战,史称"凡尔登绞肉机"。

2　法伦斯泰尔是法国空想社会主义者傅立叶设想的一种群居社区。

3　罗贝尔·德·朱弗内尔(Robert de Jouvenel,1882—1924):法国记者,亨利·德·朱弗内尔的弟弟。

航空炸弹。

亨利·德·朱弗内尔与她团聚了，一开始是军队休假，住在科莫湖畔的切诺比奥，之后他被派往意大利北部，为美国参战前的协约国会议做准备。议会主席阿里斯蒂德·白里安[1] 和英国首相大卫·劳合·乔治[2] 也出席了会议。

柯莱特不得不匆匆返回巴黎，搬到苏谢大道69号暂住：她在帕西的房子——亨利的公寓房——前不久倒塌了。然后她前往罗马，为《流浪女伶》编写剧本，那是一部由她的朋友穆西多拉主演的无声电影。自从拍完《吸血鬼》[3] 之后，穆西多拉就成了"蛇蝎美人"的代名词。

柯莱特于7月回到巴黎。亨利·德·朱弗内尔刚刚被任命为阿纳托尔·德·蒙齐[4] 的办公室主任，蒙齐是负责海贸的政务次长，也是他的前校友。但在11月，潘勒韦[5] 内阁

1　阿里斯蒂德·白里安（Aristide Briand，1862—1932）：法国政治家，多次出任法国总理和议会主席。

2　大卫·劳合·乔治（David Lloyd George，1863—1945）：英国政治家，一战期间领导了英国的战时内阁。

3　《吸血鬼》是1915年上映的一部系列电影，穆西多拉在其中饰演女主角，一个邪恶的蛇蝎美人。穆西多拉表演得惟妙惟肖，迅速成名。

4　阿纳托尔·德·蒙齐（Anatole de Monzie，1876—1947）：法国政治家，1913年出任负责海贸的政务次长。

5　保罗·潘勒韦（Paul Painlevé，1863—1933）：法国政治家，1917年9月出任法国总理，两个月之后辞职。

的倒台使他失去了这个新职位。

柯莱特以"米苏"为题创作了一部小说，她向《生活》周报提议分五期连载（从1917年11月到12月），书中展现了一名歌舞剧场明星和一位年轻军官之间的爱情故事，并附有一系列往来信件。读者将看到一个女人从轻浮逐渐变得深情。整个故事将被署上"玛丽"的名字。在乘地铁前往报社的途中，她丢失了其中一章，不得不匆忙重写。

亨利·德·朱弗内尔回到了《晨报》联合主编的岗位上，这使得柯莱特可以恢复与该报的合作了。她重新开始创作《一千零一日故事》系列，1919年6月19日在头版进行了预告，并且配有特里斯坦·贝尔纳[1]的一篇文章。2月，《米苏》以小说形式出版，并辅以剧本《老朋友》。

战争状态已经结束，她被生活的欲望支配着，一场旋风般的创作再次拉开帷幕。巴黎歌剧院经理雅克·鲁歇[2]委托她撰写一部剧本，她命名为《提供给我女儿的娱乐》，由作曲家莫里斯·拉威尔[3]谱曲，她和维利结婚后就认识了他。拉威尔花了不少于五年时间来完成总谱，总谱更名为《孩子与魔法》。

---

1 特里斯坦·贝尔纳（Tristan Bernard，1866—1947）：法国作家。

2 雅克·鲁歇（Jacques Rouché，1862—1957）：巴黎歌剧院总经理。

3 莫里斯·拉威尔（Maurice Ravel，1875—1937）：法国著名作曲家，1925年完成了独幕歌剧《孩子与魔法》的谱曲工作。

1912 年 1 月 25 日，柯莱特曾以"谢里宝贝"为题在《晨报》上发表过一个短故事：一个年轻的小白脸在把玩他的珍珠项链时，随口向他年长的情妇莱雅宣布自己将与另一个女人结婚。根据这个故事情节，柯莱特首先想要构思一部剧本，1919 年 7 月，她动身前往罗兹文。在她位于布列塔尼的隐居地，她向弗朗西斯·卡尔科宣布：

您设想一下，我的剧本要变成小说了……我已经写了四十三页了！！！

梅格·维拉尔刚刚和维利离婚，也来和柯莱特一起度假。柯莱特在卡斯特-诺维尔修订并完成了《谢里宝贝》。

这部小说在浪漫与现实、作者与女性之间构成了一种奇特的双重性。

在写给马塞尔·普鲁斯特的信中，柯莱特对自己的作品做出了评价，解释了《谢里宝贝》与她之前的作品相比有何新意。在此之前，她笔下所有的女主人公都是流浪者，"总带着克罗蒂娜的痕迹"。而莱雅，则是一个渴望男人的女人，真真切切，而非止步于各种幻想。她的年龄、经历和疏离都使她成为一个与众不同的情人。她的爱人可能是她的儿子。他们之间产生的感情是在追求一种前所未有的爱情。柯莱特描绘了这段爱情最后的光芒，令她声名鹊起。

当女性被要求在战后的巴黎扮演一个人口统计学方面的全新社会角色时，《谢里宝贝》出版了。很多男人在战争中丧生，女性不仅人口基数更多，也见证了自己预期寿命的增长。她们的下一个成就将是期待已久的选举权。从那时起，女权主义成为一种时髦的激进态度，而"假小子"则在所有豪华场所都成为众人瞩目的焦点。

作为小说家，柯莱特本人似乎已经预见到了这种风俗的巨变。朱弗内尔男爵夫人，住在苏谢大道的公寓里，是整个巴黎社交圈里最著名的女主人之一，她在任何地方都表现得"像个男人"。她希望正式获得对其自由女性地位的认可，甚至渴望得到荣誉军团勋章。

当时，柯莱特·德·朱弗内尔·德·于尔桑夫人在展现她的自由时希望能够得到尊重。一些女性却没有支持她。莉安娜·德·普吉[1]在日记中表达了几句对柯莱特的尖刻评价，谴责"她的不真诚，装腔作势以及掩藏在才华背后的阴险恶毒"。

柯莱特的成功确实让很多人感到恼火。然而，她的客厅仍然是巴黎最火爆的沙龙之一。社会名流、政治家、演员、文人……她的客人来自世界各地。

柯莱特在《晨报》报社的三楼配有一间办公室，男爵

1　莉安娜·德·普吉（Liane de Pougy，1869—1950）：法国舞蹈明星。

的司机也归她使用。西迪每个月在报社工作两周，总是忙到深夜，再加上他的各种政治活动，他只有在卡斯特-诺维尔午餐或晚餐时才能真正见到柯莱特。这一时期的信件显示出她精神紧张，在寻求一种分散式的家庭关系。

只有在罗兹文，柯莱特才得以享受属于她的成功，身边围绕着她"真正的"朋友们——热尔曼妮·博蒙、埃莱娜·皮卡尔、弗朗西斯·卡尔科和他的妻子热尔曼妮·卡尔科，还有她的孩子们，女儿漂亮加祖以及丈夫跟前妻生的儿子贝尔特朗。那年夏天，亨利·德·朱弗内尔也过来陪儿子。贝尔特朗刚刚在考试中受挫。她写信给错过这场"友谊盛宴"的玛格丽特·莫雷诺：

他的母亲为了他的健康和烦恼将他托付给我。我给他按摩，把他填饱，用沙子摩擦他，让他在阳光下晒成褐色。

她已经把贝尔特朗牢牢抓在手心了。

1920 年 9 月，柯莱特与马塞尔·普鲁斯特同时被授予荣誉军团骑士勋章。她当时正和梅格以及所有孩子一起待在卡斯特-诺维尔。她给普鲁斯特写信，向他表示祝贺。普鲁斯特在回信中深情地写道："您很清楚，我才是仰慕者，而您是被仰慕者。"

在两个月内，《谢里宝贝》卖出了三万多册。应她的朋友利奥波德·马尚[1]之邀——他将会拥有一段辉煌的导演生涯——柯莱特承诺将《谢里宝贝》搬上舞台，这顺应了她最初的灵感。她被认为有资格进入龚古尔学院，亨利·德·朱弗内尔则当选为参议员，他提议将无名战士葬在凯旋门下而不是先贤祠内，并得到了普遍认可。

柯莱特十分高兴贝尔特朗 1921 年夏天到访罗兹文。在哥哥雷诺的陪同下，他认识了漂亮加祖，并开始写作，完成了几篇短篇小说。柯莱特在她主持的栏目《一千零一日故事》中把这几篇作品发表了出来，但给作者用了化名，以免激怒贝尔特朗的母亲。

在这个多愁善感的家庭中，柯莱特写信给玛格丽特·莫雷诺：

孩子们优秀又善良，贝尔特朗乖巧地跟着我。

她还说，自己的女儿漂亮加祖令她着迷。事实上，这个孩子由保姆抚养长大，然后住进了寄宿学校，母女之间缺乏充分的交流，而正是交流造就了柯莱特的毅力和性格。关于她母亲的情况，漂亮加祖不得不倾诉道：

---

1 利奥波德·马尚（Léopold Marchand，1891—1952）：法国剧作家、戏剧导演，柯莱特的好友。1921 年，与柯莱特合作将《谢里宝贝》改编为戏剧。

她就像一只母猫，每过一段时间，就告诉她的小家伙要自力更生。

柯莱特决定带着贝尔特朗，去圣索沃尔昂皮赛和夏蒂庸探索她年轻时生活的地方。这个年轻人十九岁。此时茜多已经去世十年了。柯莱特任由自己的记忆复苏，开始创作《克罗蒂娜的家》，仿佛要把浪漫的神话从记忆中分离出来，抒发自己的怀旧之情。一个季节结束了。

2月，为纪念《谢里宝贝》演出第一百场，柯莱特出现在舞台上，亲自扮演莱雅一角。

大约在亚历山大·米勒兰[1]总统正式访问之后，柯莱特也在贝尔特朗陪同下前往阿尔及利亚……他们发现了沙漠、薄荷茶、北非城堡以及裸体舞者佐拉"稚嫩的腰部、尖小的乳房"。正如这位年轻人后来解释的那样，贝尔特朗的母亲，"克莱尔女男爵"，对这次出游感到十分不安。至于亨利·德·朱弗内尔，他正在马赛等待他的家人。柯莱特患了痢疾。贝尔特朗称她为"我亲爱的母亲"……

随后，柯莱特遭遇了一场车祸。尽管受到了冲撞，却并没有受伤。但在写给好友玛格丽特·莫雷诺的信中，柯莱特

1　亚历山大·米勒兰（Alexandre Millerand，1859—1943）：法国政治家，1920年至1924年期间出任法国总统。

告诉她，自己绝经了。对她来说，人生的新阶段开启了。

1922 年 7 月，《晨报》发布了关于《小麦的青苗》的广告，这部小说一直连载到 1923 年 3 月，直到报纸中断了这个系列，以此迁就部分读者的道德感……小说是在罗兹文写下的，也就是故事开始的地方。即便到了今天，通往镇中的一条路仍被称为"小麦青苗之路"。贝尔特朗说，故事的灵感来源于他在蒙多尔与一位年轻女孩调情的两个夏天。这个故事最开始启发柯莱特创作一部"在法兰西大剧院"演出的剧本：两个人物身处于阴影中，在幕布升起之前，相互交流着情话，经验丰富，进退有度；随后大家发现，这对搭档还是青少年。柯莱特评述道："我想以此表达激情之爱不受年龄限制。"

《小麦的青苗》的主题，是白衣女子达勒雷夫人对小菲利普的欲望启蒙。文卡爱上了这个年轻人，为了保住她的所有机会，只能献身于他。

值得注意的是，达勒雷夫人的名字让人想起贝尔特朗住处的街道名，他住在一间单身公寓里，租金由柯莱特支付。柯莱特的秘书埃莱娜·皮卡尔[1]也住在同一栋楼里，柯

---

1 埃莱娜·皮卡尔（Hélène Picard, 1873—1945）：法国女诗人，柯莱特的好友，从 1919 年起担任柯莱特的秘书。

莱特经常来这里看望这位年轻人。可以想象，当她在《晨报》上发表《小麦的青苗》时，她自己也身处同样的境遇。因此，在菲利普屈服于达勒雷夫人的欲求之后，出版被叫停了，因为太具挑衅性了。虽然《小麦的青苗》确实讲述了爱欲的觉醒，但"与爱情告别"这个隐约提及的主题也同样重要。它将成为《谢里的结局》的主题。

10月，《谢里宝贝》的舞台改编已经准备就绪。柯莱特与利奥波德·马尚合作继续改编《流浪女伶》，她负责监督每个阶段。她和费伦兹——她曾将《克罗蒂娜的家》托付给这位出版商——一起推出了"柯莱特丛书"中的一系列新小说，她还跟进了媒体推广，以每月一本的出版速度，邀请到她认识的所有作者，从菲利普·苏波[1]到瓦勒里·拉尔博[2]或保罗·莱奥托[3]。

《流浪女伶》的彩排是一次"胜利"，而《谢里宝贝》的成功仍在继续，这驱使柯莱特在各大省会出演莱雅，同时与《晨报》保持合作。

亨利·德·朱弗内尔去了日内瓦。在国际联盟的一次历史性会议上，他让四十四个盟国接受了有关裁军、赔偿和

1　菲利普·苏波（Philippe Soupault, 1897—1990）：法国作家。

2　瓦勒里·拉尔博（Valery Larbaud, 1881—1957）：法国作家。

3　保罗·莱奥托（Paul Léautaud, 1872—1956）：法国作家。

战争债务的提案。然后他被任命前往罗马尼亚，他在比贝斯科亲王夫人[1]的陪同下动身，并与她开始了一段新恋情。亲王夫人承认，他带给她"一种前所未有的奇妙感觉"。

贝尔特朗的二十岁生日是在卡斯特-诺维尔与他的父母一起庆祝的。柯莱特之前同意进行一次巡回演讲，主题是"情侣生活的常见问题"，但针对她的嘲讽似乎太多了。她更愿意谈论"我在家庭生活中看到的戏剧，以及在戏剧舞台上看到的家庭生活"！她在马赛的诺埃耶大酒店与贝尔特朗重逢。她一回来，亨利·德·朱弗内尔的律师蒙奇就通知柯莱特他决定离婚。亨利男爵同意承担一切过错。对此，柯莱特的回答十分明晰，充满戏剧性：

我没有进行恶意揣度，也拒绝表达敌意。但我不会以任何方式合法地成为一个非要对他进行抱怨的女人。如果他有理由让分居变成离婚，他可以利用起来。

在《旅行者》中，贝尔特朗·德·朱弗内尔让人联想到，她的母亲要求亨利·德·朱弗内尔拆散他和柯莱特，在这对夫妻之间引发了暴力场面，故而导致了他们的分手。另

---

1 玛尔特·比贝斯科（Martha Bibescu，1886—1973）：罗马尼亚女作家。罗马尼亚亲王乔治-瓦伦丁·比贝斯科的妻子。与亨利·德·朱弗内尔有过一段短暂的恋情。

一方面，年轻的贝尔特朗行事鲁莽，经常在柯莱特要去的大楼底下等她，引起大家的注意。事实上，亨利离开了婚后的家，搬到了他母亲位于贡代街的住所。1921年5月，他作为公共教育部部长，坚持与任何可能的丑闻保持距离，然而比贝斯科亲王夫人却不断出现在正式会议上，出现在他身边。

又一段艰难的破裂时期开始了。柯莱特不得不把她的汽车和办公室归还给《晨报》。她开始着手发行她的《故事》，并与《日报》进行谈判，商议开设一个每周一次的专栏"柯莱特日记"，条件是从竞争对手《晨报》那里转去与《日报》合作，中间要隔上三个月。这条原则几乎不适合她，她必须同步发展她的合作网络：柯莱特一贫如洗，但正如她在写给埃莱娜·皮卡尔的信中所述，她觉得自己已经整装待发，"为千百场战斗"做好了准备。

柯莱特刚刚与《每日新闻报》签订了一份戏剧评论合同，以接替《晨报》的合同，她正在讨论蒙特卡洛剧院《谢里宝贝》的选角问题，她去那里亲自饰演了莱雅。回来后，贝尔特朗·德·朱弗内尔告诉她，遵从父母的意愿，他就要结婚了。这个消息激怒了柯莱特。对于这次分手，贝尔特朗的体验就如同决裂一般，他不得不接受为他准备的订婚晚宴。他讲述过，在向柯莱特告别后，离开苏谢大道的宅邸时，他在街头凌空抓住了一张从楼上落下的小纸片，上面写着："我爱你。"这是一种启示。他转身重新上楼。然而，家庭的影响力依然在发挥作用。他们不得不承认分手在所难免。柯莱特写给他的最后一封信从未送达他手中：贝尔特朗未来的妻子截获了这封信。多年以后，当柯莱特再次遇到贝尔特朗时，柯莱特为他背诵了一遍。

1925 年 2 月，柯莱特将在道努剧院饰演莱雅一角，演出一共三十场。她匆匆忙忙地观看每一出新剧目，以便在《每日新闻报》上撰写专栏。由于渴望成功，她在复兴剧院再次登台，甚至错过了莫里斯·拉威尔《孩子与魔法》的彩排，这是她五年前为漂亮加祖撰写的剧本。

芭蕾舞剧《孩子与魔法》3 月 21 日在蒙特卡洛剧院首演。趁此机会，柯莱特到访蔚蓝海岸，此行具有特别重要的意义。贝尔特朗当时人在卡普达伊[1]的艾登酒店。她向他提议共同生活，但他们的讨论没有留下任何迟疑的余地。从那时起，他们的分手——在柯莱特看来——让她恢复了彻底的自由。事实是，就在同一天，她便要遇见"下一任"了。她和一群人一起打牌，莫里斯·古德凯[2]也身在其中，她之前见过他几次，但并没有引起她的注意。他当时三十五岁，对

1　卡普达伊是法国南部蔚蓝海岸的一座滨海小城。

2　莫里斯·古德凯（Maurice Goudeket，1889—1977）：珍珠商人，柯莱特的最后一任丈夫。

珍珠的热爱超过诗歌，出售珍珠是他的老本行。在复兴剧院后台，他曾见到她化装成莱雅的样子。一天晚上，在一场晚宴上，她咬了一大口苹果；他觉得她把克罗蒂娜这个角色诠释得太好了。

同天晚上，一份电报将莫里斯·古德凯召回巴黎。他想乘坐夜间火车返回，并向柯莱特提出可以搭他的汽车，司机会在第二天早上出发。她接受了。莫里斯·古德凯随后前往蒙特卡洛，但没能弄到铺位。在离开前夕，柯莱特向她的秘书埃莱娜·皮卡尔透露："我将坐汽车顺利回返。"并向卡尔科一家宣称："要不我三天就能到达，要不永远都到不了。"第二天早上，莫里斯·古德凯接过方向盘，一路把汽车开了回去。柯莱特送给他一本《流浪女伶》并写了一句题词：

致莫里斯·古德凯，纪念一千公里的流浪时光。

她刚刚进入爱情的最后一个季节。

心灵的倾诉

亨利·戈蒂耶–维拉尔比柯莱特大十四岁，亨利·德·朱弗内尔比她小三岁。至于莫里斯·古德凯，1889 年 8 月 3 日在巴黎出生。他遇到五十二岁的柯莱特时，才三十五岁。

这个年轻人是玛格丽特·莫雷诺的朋友。而且，正是在陪她参加晚宴时，莫里斯第一次与柯莱特擦肩而过。但他们当时谈话的语气无关痛痒，类似于沙龙交际或剧院走廊的闲谈。他知道如何保持扑克玩家不动声色的面孔，但他的眼睛闪烁着"隐蔽的火焰"，正如她在牌局中第一次饶有兴致地凝视他时所感叹的那样。他来自一个犹太家庭，曾经住在阿姆斯特丹。他的父亲是一名钻石商人，把一身本事都传给了他。莫里斯在一战中加入了法军，失去了荷兰国籍，但没有像他母亲那样成为法国人。

在开车回巴黎的路上以及之后的日子里，他们"交流了不少观点"。他们一起去看戏，吃夜宵，然后在莫里斯位于威尔逊总统大道的公寓里欢聚。玛格丽特·莫雷诺作证说，在和莫里斯进行了初步交流之后，柯莱特就告诉她：

昨晚我和这个男孩聊了很久。我觉得他稍微放松一点，对他有好处。

这就是莫里斯口中"欧特伊之夜"的起点。他们的谈话常常持续到凌晨四点。最后，柯莱特爱上了这位英俊的"男性"。据他自己回忆，莫里斯在十几岁时就曾梦想过娶柯莱特为妻，因为他读过她的一部小说。他们就这样找到了彼此。

莫里斯·古德凯走进柯莱特的生活后，她搬离了罗兹文和布列塔尼，去"发现"南方。在写给利奥波德·马尚的信中，柯莱特写道：

这个地方无与伦比……周围是苍翠的青山，还有翻腾的大海。你知道我昨天晚上睡在哪里吗？在户外，睡在我的软垫上。

莫里斯在摩尔海岸拥有一栋小房子，他们一起住在里面……不过在她新情人的陪伴下，通过发动朋友，不久之后，她就开始在圣特罗佩附近寻找别墅。

当时柯莱特正在创作《谢里的结局》。她笔下的主人公突然出现在她面前，就像她跟玛格丽特·莫雷诺倾诉的那样，"相当阴暗、浑身赤裸"。她在 11 月给埃莱娜·皮卡尔写信说：

噢！关于《谢里的结局》。愿他死去！

柯莱特用一种含糊其词的方式与二十三岁的贝尔特朗以及四十九岁的莱雅分手了。然而，谢里的自杀不仅不意味着象征性地放弃了爱情的冲动，而且恰恰相反。住在海边时，她收到了莫里斯来自巴黎或伦敦的信件，"充满了青春的爱意"；"接受这份爱，我还真是吃人不吐骨头"，她向她的朋友埃莱娜·皮卡尔倾诉道。

谢里之死似乎更像是一种渴望，去遗忘一段"至暗"时刻，当时爱情变成了一种无法忍受的感觉。柯莱特不是伊索尔德，但她刚刚遇到了她的特里斯坦，即使他看起来犹如"撒旦"。正是她自己将《谢里的结局》描述为"不好笑的类型"。她说，她已经"抓牢"了它，并正在"刻苦"润色。莫里斯·古德凯也目睹了漫长的写作周期和谢里的临终，他不太喜欢这本书，觉得里面有变形了的渴望，就像人们认为一个演员的妆容掩盖了脸上的皱纹一样。《谢里的结局》也许反映了诸多感情的混杂。

正是在这段时间，1926年2月1日，莫里斯·拉威尔的《孩子与魔法》在国立喜歌剧院的再度上演引发了一场令人难忘的轩然大波。柯莱特写道，那是"一场可怕的骚动"，在"人满为患、吵吵嚷嚷的大厅"前，观众抨击了猫和芭蕾的"喵喵二重奏"，一边是嘘声，一边是掌声，取决于他们到底欣赏还是憎恶作曲家的大胆独创。

受格拉维[1]邀请，莫里斯和柯莱特动身前往摩洛哥，参观了菲斯和拉巴特。这是一段"一千零一夜"般的旅程，在宫殿中，有"八十位厨师，封闭的花园，长长的房间，配有

1　塔米·艾勒·格拉维（Thami El Glaoui，1879—1956）：摩洛哥统治者。

软凳，颇为凉爽，散发着燃烧雪松和香豆木的香气"，还有许多奴隶，那些"比水果还光滑的漂亮女黑人"。

那年夏天，柯莱特在"麝香葡萄架"庄园[1]安顿了下来：

一座美妙的乡间别墅，绿树成荫，位于一小片平坦的土地中间，平缓的海潮边缘，古老的金合欢、夹竹桃和风信子下。

她随身携带了母亲茜多的信件，为了写出日后的《白日的诞生》——作为对《谢里宝贝》的回应。

评论家们很快就理解了这部小说的趣味所在，安德烈·比利写道："一些极其新颖大胆的内容，我相信在文学中没有先例，小说的女主角不是别人，正是作者自己。"柯莱特回答道：

你已经察觉到，在这部小说中，小说并不存在。

事实上，作者在女主角离场时开始了她的小说。柯莱特的技艺在《白日的诞生》中显现出最耀眼的光芒：小说式的外表营造出宛如双重人格的效果，精神能够从可能发生的

1　"麝香葡萄架"庄园位于圣特罗佩，是柯莱特买下的一处房产。

执迷中解脱出来，以获得充分的自由和全新的感性，摆脱现实的困扰和影响。

关于她当时的伴侣，她这样写道：

这副餐具是一位来来去去的朋友的，它不再属于房屋的主人，那个在夜间踩踏楼上卧室地板发出声响的人……在那些碗碟、酒杯、琴声在我面前消失的日子里，我没有被抛弃，只是孤身一人。我的朋友们放心了，他们相信我……伙计，我的朋友，让我们一起呼吸吧！我一直很喜欢你的陪伴。

柯莱特的信件表明，莫里斯已经成为一个细心甚至霸道的伴侣，以至于他让她和她的朋友们有些疏远。由于股票市场的崩溃和人造珍珠的泛滥，他的珍珠生意并不顺利。

1927 年冬天，柯莱特在圣莫里斯对《白日的诞生》的校样进行了修订。回巴黎后，她开始撰写《第三者》，最初名为《替身》，她打算 6 月以连载形式在《年报》上发表。小说以一次"妥协"结束，丈夫、妻子和情妇接受了彼此，尽管儿子对此大为不满，他相信爱情的纯粹。

在母亲去世将近二十年后，柯莱特着手创作《茜多》，仿佛要在命运的天平上权衡童年的重量，圣索沃尔昂皮赛、她的兄弟阿基尔和莱奥、她的父亲以及"伟大的女祭司"，这位女祭司实现了她的预言。

《流浪女伶》即将被搬上银幕。柯莱特让她的女儿担任导演助理。之后，她同意去罗马尼亚巡回演讲，在那里她受到了君主般的招待，受到国王和王后接见。

评论家们已经在关心她的作品了。一位年轻的巴黎高师学生罗贝尔·布拉西亚克[1]邀请她到学校做讲座。他在《法兰西行动报》上写道，柯莱特和蒙田的散文"也许是我们历史上最具体和清晰的"。在分析小说家柯莱特的文法时，他解释道，"她逐渐净化了自己，'提升'了自己"，她的智慧"也许就是智慧本身"。

1931年1月12日，维利去世了，孤独终老、身败名裂、负债累累、苦不堪言，右手也瘫痪了。马塞尔·布勒斯坦[2]做过他的秘书，他想让柯莱特注意到维利的穷困处境，并指出他已经不能写作了。"您不会想让他从他这个年龄开始写作的。"她回答道。她在二十年前曾经说过："他将付出代价。"

在《小麦的青苗》中，柯莱特唤起了"那些被轻描淡

1　罗贝尔·布拉西亚克（Robert Brasillach，1909—1945）：法国作家。

2　马塞尔·布勒斯坦（Marcel Boulestin，1878—1943）：法国著名主厨。年轻时做过维利的秘书。

写对待的肉体快感"。正是在这个标题下，她决定写一部关于肉欲和嫉妒的编年史，即日后的《纯洁与不洁》。另外，这也是一种证明"单性恋"不存在的方式，正如她给玛格丽特·莫雷诺的信中写下的内容。她评论道：

诸种感官？为什么不是"单一"感官呢？那将更有节制，而且足够了。单一感官：其他五种潜藏的感官在远离它的地方冒险，它让它们想起一次震颤——如同水下生物授予的飘带，轻盈却能引起荨麻疹，一半是水草，一半是手臂……

她曾答应《格兰古瓦》周刊（销量达到二十五万份）连载她的"随笔"，周刊老板霍勒斯·德·卡布奇亚[1]是她在"麝香葡萄架"别墅的邻居。散步时，她不慎掉进了一条沟里，摔断了小腿骨。休养期间，她完成了以"这些享乐"为题的作品。这是一次独特的挑衅。她后来对露西·德拉鲁–马德鲁斯[2]说道："我把它吐了出来。"

摔伤之后，柯莱特一度走路需要拄拐，但她的手臂由于身体的重量而感到疲劳。她的手掌正逐渐变得麻痹。

1　霍勒斯·德·卡布奇亚（Horace de Carbuccia，1891—1975）：法国出版商，1928 年创办《格兰古瓦》周刊。

2　露西·德拉鲁–马德鲁斯（Lucie Delarue-Mardrus，1874—1945）：法国诗人。

在空闲时间，她想要开展一个项目：为什么不创办一家以她自己的名字命名的美容院呢？她可能是在为《时尚》杂志撰写专栏时萌生了这个想法，化妆在这本杂志中占了很大的比重。不得不放弃珍珠业务的莫里斯也在鼓励她。马拉喀什帕夏[1]是她的第一位赞助商，然后还有波利尼亚克夫人、报刊出版商莱昂·拜尔比、女演员西蒙·贝里奥和银行家德雷福斯，每人赞助二十万法郎。她在爱丽舍宫和内政部附近的米罗梅尼尔街开了店。媒体对柯莱特美容院的开业表示欢迎，认为这是一件大事。这位作家是"娱乐业"的明星，每周有五天都亲自为客户化妆。

自 1933 年 1 月以来，柯莱特一直在为美国电影《科恩老爹》编写剧本，该片由刘易斯·塞勒[2]执导。他们的朋友亨利·德·罗斯柴尔德曾邀请他们参加"爱神号"游艇的海上旅行，他的儿子菲利普·德·罗斯柴尔德想要成为一名电影制片人，刚刚离开电影制片厂外出闯荡，建议她为《女士湖》编写剧本和对白，故事背景发生在奥地利。这部由西蒙娜·西蒙和让-皮埃尔·奥蒙主演的电影是安德烈·纪德的男伴、导演马克·阿莱格雷[3]取得的第一次重大成功。

1　即前文提到的摩洛哥统治者塔米·艾勒·格拉维。

2　刘易斯·塞勒（Lewis Seiler，1890—1964）：美国导演。

3　马克·阿莱格雷（Marc Allégret，1900—1973）：法国导演，年少时与纪德有过恋情，曾陪同纪德游历非洲。

乔治·奥里奇负责配乐。漂亮加祖被聘为助理，弗朗索瓦丝·吉鲁担任场记。

但美容院仍然是柯莱特关注的焦点。她的信件暴露了她的野心：

> 我在实验室里度过了一个下午，在那里挑选、淘汰、修改、重新制作了三十四支腮红（我保留了十五支），我必须承认这是一项艰难的任务。

还有写给穆恩[1]的信：

> 我还做了第二套粉状腮红，它会让你着迷的，我认为它是完美而不可或缺的化妆品。

继《这些享乐》之后，柯莱特出版了《监狱与天堂》。但她已经在着手创作一部新的小说《母猫》，这可以说是她的杰作之一。小说的主题是：一位二十四岁的年轻人，比起爱刚刚与他结婚的十九岁女孩卡米尔，他更爱自己的母猫萨拉，"灰白色、纯种、小巧而完美"。埃德蒙·雅鲁[2]在总结

---

1 埃莱娜·茹尔丹-莫兰治（Hélène Jourdan-Morhange，1888—1961）：法国女小提琴家，"穆恩"是拉威尔给她起的外号，柯莱特的好友，二人通信频繁。

2 埃德蒙·雅鲁（Edmond Jaloux，1878—1949）：法国作家。

其文学观点时，将《母猫》描述为"一部杰作，简洁、充满艺术性和古典的完美，具有最高程度的真理、智慧与诗意"。

当时，柯莱特和整个巴黎社交圈一样，得知了雷诺和阿莱特的婚礼。雷诺是亨利·德·朱弗内尔和"猎豹"伊莎贝拉·德·康明斯的儿子，他从"猎豹"那里继承了性格中的暴力元素。柯莱特在圣特罗佩盛情款待了他们，并写信告诉玛格丽特·莫雷诺：

> 阿莱特是一个甜美的女孩，她也许会让雷诺变成一只不那么躁动的野兽。

莫里斯·古德凯劝说柯莱特停止美容院的经营，她在那里耗尽了心力，而她在新闻工作和小说方面的收入则更加可观。此外，她没有足够的资本，无法进行更多的投资。

1934 年以柯莱特频繁参加演出活动为标志。

在圣特罗佩，她找回了人生的第二春。她开始撰写新小说《二重奏》，《玛丽安》周刊打算在 7 月发表。《二重奏》讲述了导演米歇尔发现他的妻子阿丽丝出轨的故事，他的痛苦导致他投水身亡：

> 他扑到斜坡上，越过夜色依旧笼罩的小树林，在他的脚下遇到了沉重的、被铁质淤泥阻拦的河水，河流用无声的

波浪拍打着公园破碎的围栏。

自《谢里宝贝》以来，自杀——自愿死亡——已经成为柯莱特的一个主题。

电影制片人马克斯·奥弗斯[1]经由西蒙娜·贝里奥[2]介绍，委托柯莱特为电影《女神》编写剧本，故事灵感来自《歌舞剧场幕后》。她再次聘请女儿作为助理，还送给她一本《二重奏》，一段长长的题词表达了她们关系的复杂性。

《日报》向她发出邀请，请她去诺曼底号邮轮上进行报道，一来一回，包括在纽约的逗留，为期十天。著名服装设计师吕西安·勒隆[3]为她提供了全套服装，她每天还有一千法郎的零花钱。奢华！我们从莫里斯·古德凯那里得知，柯莱特带着农妇的谨慎，在开往勒阿弗尔的火车上带了一顿野餐。她还认为，为了在美国获得一个旅馆房间，必须使她与莫里斯的婚姻合法化，她想去弄一张结婚证。1935 年 4 月 3 日上午 11 点，在八区市政厅，吕克-阿尔贝·莫罗[4]夫妇见

1　马克斯·奥弗斯（Max Ophüls，1902—1957）：德国导演。

2　西蒙娜·贝里奥（Simone Berriau，1896—1984）：法国演员，在《女神》中出演女主角。

3　吕西安·勒隆（Lucien Lelong，1889—1958）：法国服装设计师。柯莱特是他的长期客户。

4　吕克-阿尔贝·莫罗（Luc-Albert Moreau，1882—1948）：法国画家，柯莱特的朋友。

证了他们仓促的结婚仪式。

1935 年 10 月 5 日，刚满五十九岁的亨利·德·朱弗内尔在大皇宫看完展览步行回家的路途中，在香榭丽舍大街的花园里突然去世。总理皮埃尔·赖伐尔[1]正准备把外交部部长的职务委派给他。

柯莱特仔细审视了自己记忆中的画面，开始撰写《我的学习生涯》，1935 年 10 月 23 日至 12 月 18 日在《玛丽安》杂志上首次连载。也许她在试图抹去往日的不平与艰辛，为她飘散芬芳的荣耀绽放做好准备。

1936 年 4 月，她接替安娜·德·诺埃耶[2]，在布鲁塞尔的比利时法语语言文学皇家学院受到了隆重接待。自从她在圣特罗佩摔断腿后，她总是光着脚穿凉鞋，她发表了一篇演讲，正如莫里斯·马丁·迪加尔[3]描述的那样："演讲中传达了一种信息，阳刚的谦逊与某种妩媚争宠。"

柯莱特无疑也对为她举办的晚会感到非常满意。她回顾了自己作为演员和舞者的往事，甚至演唱了三首来自故乡

1　皮埃尔·赖伐尔（Pierre Laval，1883—1945）：法国政治家。

2　安娜·德·诺埃耶（Anna de Noailles，1876—1933）：法国作家，比利时法语语言文学皇家学院第一位女院士，去世后由柯莱特接替了她的席位。

3　莫里斯·马丁·迪加尔（Maurice Martin du Gard，1896—1970）：法国作家。

的歌曲。人们可以在《日报》上读到："这是一个难忘的夜晚，我们这个时代最杰出的作家在林荫大道音乐厅的舞台上首次亮相！"

此外，她的首批作品集开始出版，由迪尼蒙[1]等画家绘制插图。

夏天，在圣特罗佩，盛行轻浮的裸体主义，她在"麝香葡萄架"别墅里拿着喷水枪，一边浇花，一边喷洒前来拜访她的二十六岁年轻小生让-皮埃尔·奥蒙[2]。这位出色的演员发现她"身体强壮而不肥胖，肌肉经受过犁地和除草的训练。沉重的肉身中填满了各种食物和爱"。

1937年11月，她在接受《巴黎午报》的一次采访时宣称，她的梦想是住在皇家宫殿，住在她曾居住的博若莱街9号的"隧道"上面。不久，她惊喜地收到了老住户的来信，他们愿意听从她的安排，准备搬家以满足她的心愿。1月，她搬进了她的梦想住宅。柯莱特的"宫殿"和"蓝色灯盏"将成为她文学天才的象征，她在窗后的形象成为不朽。在大房间里，她躺在沙发床上，享受着阳光和花园里的景观。在

1　安德烈·迪尼蒙（André Dignimont，1891—1965）：法国画家，为柯莱特的《流浪女伶》《桎梏》等多部作品绘制插图。

2　让-皮埃尔·奥蒙（Jean-Pierre Aumont，1911—2001）：法国演员。

大房间后面，她还拥有一个带浴室的小间。莫里斯·古德凯在另一间房里安顿下来，那里的窗户可以俯瞰皇家宫殿。他们的公寓，占据了南边矩形的一角，正对宫殿的主层。她在玻璃柜里放了些玻璃球、镇纸、玻璃饰品和蝴蝶，这些都将成为"柯莱特的收藏"。

1938 年夏天，柯莱特住在"麝香葡萄架"别墅。达拉第[1] 从慕尼黑回来，受到仍然盲目相信和平骗局的人的热烈欢迎，柯莱特也回到了巴黎。与政治事件相比，柯莱特更关注刚刚被亨利·蒙多尔教授切除阑尾的漂亮加祖。当然，她还是和她的作家朋友们一同联名签署了《法兰西团结宣言》，呼吁建立一个跨党派的统一阵线以应对战争的威胁。

1939 年 1 月，她出版了《沙发》，这是前一年夏天在"麝香葡萄架"别墅完成的——这栋别墅不久之后便被卖给了演员夏尔·瓦内尔[2]。从某种意义上说，《沙发》是《二重奏》的续篇。

1939 年 9 月 1 日，德军入侵波兰。柯莱特从她住处的窗口向外眺望，以"蓝光"为题，为《巴黎晚报》描述了巴

---

1 爱德华·达拉第（Édouard Daladier，1884—1970）：法国政治家，二战前的法国总理，1938 年 9 月在慕尼黑受到希特勒欺骗，签订了慕尼黑协定，同意德国瓜分捷克。

2 夏尔·瓦内尔（Charles Vanel，1892—1989）：法国演员。

黎街头的景象。1940 年 6 月 9 日，在德国突入国境后，法国政府撤到了波尔多。6 月 14 日，德军进入巴黎。12 日晚，柯莱特和莫里斯于凌晨四点出发，在前往卡斯特-诺维尔的路上，与留在屈尔蒙特的柯莱特·德·朱弗内尔会合。

柯莱特在法亚尔出版社出版了《反向日记》，这是一本关于逃难和抵达屈尔蒙特的笔记和感受。莫里斯·古德凯试图出售旧书，准备攒钱。但他是犹太人，因此比科克多[1]面临更大的风险，而后者这样写道："我在受辱中生活了六年，我的作品和人格都受到了打击。"所以，为了不引起人们对她丈夫的注意，柯莱特拒绝签署一份支持因犹太人身份而被解雇的国家图书馆馆长朱利安·凯恩[2]的请愿书。

正如蕾妮·阿蒙[3]在《小海盗》中所叙述的那样，把莫里斯·古德凯和柯莱特联系在一起的，是一种非常奇怪的感觉。柯莱特曾经再清楚不过地回答过：

这是我的男子气概。我有时会让他震惊，但无论如何，只有和我在一起，他才能活下去。当他想做爱时，他会选择一个非常女性化的女人；他喜欢被这样的女人围着，但他不

1　让·科克多（Jean Cocteau，1889—1963）：法国作家。

2　朱利安·凯恩（Julien Cain，1887—1974）：法国国家图书馆馆长。

3　蕾妮·阿蒙（Renée Hamon，1897—1943）：法国作家，柯莱特的好友。

能和她们一起生活。

随后，柯莱特动手撰写小说《朱莉·德·卡尔内朗》。她的女主人公是一位伯爵夫人，就像柯莱特曾是一位男爵夫人一样，她身无分文，遇到了一位议员赫伯特·戴斯皮万。她的前夫在离婚后刚刚再婚，却因心脏病发作而倒在了大街上——就像亨利·德·朱弗内尔一样。他与朱莉合谋，以讹诈的方式从新婚妻子那里侵吞了一大笔钱。

为了养活自己，柯莱特通过女儿从外省带来了几包食物，还有来自南特地区的读者朋友，那些"小农场主"与她进行了长期的通信，定期为她提供食品。她赢得的广泛声誉也为她打开了黑市小酒馆的大门。

四本关于歌舞剧场和旅行的《笔记》，之前曾经以"柯莱特笔记"为题出版过豪华插图版，此时由法兰西军械出版社（接替了卡尔曼–列维出版社）发行。《纯洁与不洁》作为《这些享乐》的最终定版，于1941年11月与《朱莉·德·卡尔内朗》同时出版。

1941年12月12日，为了报复第一批抵抗行动，盖世太保开始劫持人质，最著名的"千名犹太人"大追捕。早上七点刚过，德国宪兵队的一名士官就前来逮捕了莫里斯·古德凯。

这位囚犯的所有讯息都说要面包（"无价的黄油、姜饼是我最珍贵的肠道调节剂")。其余的日子里，他在"严酷和压抑的"条件下生存。柯莱特在她"断断续续"的日记中，讲述了一名被释放的囚犯，一名作家，去找她，提出让她像他一样投敌，交换关于其他囚犯的信息。她拒绝了。"要么照做，要么死"，他逼迫道。"我们选择死亡。"她坚定地回答道。

然后，包裹被禁了。1942年2月6日，巴黎大雪纷飞，城市因严寒而陷入瘫痪，莫里斯·古德凯在被拘留一个半月后获释。

1942年3月5日，受维希政府资助的《周报》发表了柯莱特的一篇口述，以团结为主题，向法国所有在校学生发出号召。她也是萨沙·吉特里[1]的文化人质，后者在同月会见了贝当[2]元帅，向他提议编纂一本著作，名为《从圣女贞德到菲利普·贝当》，参与撰写的作家需要提及与之相关的法国伟大散文家——柯莱特选择了巴尔扎克。

她尽可能地只与没有任何公开政治观点的报纸合作，例如《时装与时尚》，并出版了《从我家窗口望去》，这是一系列专栏文章，关于法国如何在恐惧中寻找面包和煤炭而变

1　萨沙·吉特里（Sacha Guitry，1885—1957）：法国演员，与维希政府亲善，但究竟是否是法奸存在争议。据说，古德凯的释放与他在高层的说情有关。

2　菲利普·贝当（Philippe Pétain，1856—1951）：法国陆军元帅，一战中的民族英雄，二战中领导维希政府与德国媾和。

得"伤痕累累"。

她因关节炎而动弹不得。她买了一台电动轮椅，当她的朋友米西亚·塞尔[1]不能再用大使馆的车送她去看病时，她才乘坐自行车拉的载客车出行。

尽管拥有"藏身之处"，莫里斯还是担心盖世太保在早晨又"打来电话"，面对柯莱特的焦虑心情，他决定前往自由区；他住在圣特罗佩的朋友家里，与"麝香葡萄架"别墅隔街相对。他告诉柯莱特，夏尔·瓦内尔已经把她几个月前卖给他的房子卖掉了。

11月11日，德军预计盟军即将登陆，越过了分界线[2]。法国舰队在土伦自沉。莫里斯·古德凯在经历了一次危险的旅程后，在皇家宫殿与柯莱特会合。在这段时间，她一直立场模糊，但没法拖延太久。因此，她拒绝接待抵抗运动作家弗朗索瓦·莫里亚克[3]，日后她在写给他的信中说道：

一切都是邪恶的、黑暗的、无望的——而且，我为我最心爱的人而颤抖。所以我躲了起来。

1　米西亚·塞尔（Misia Sert，1872—1950）：波兰钢琴家。她的丈夫何塞·马里亚·塞尔（José Maria Sert，1874—1945）拥有西班牙外交官身份。

2　1942年11月11日，为应对同盟国于1942年11月8日进入法属北非，德国和意大利入侵了法国南部的自由区，将军事管辖扩展至法国全境。

3　弗朗索瓦·莫里亚克（François Mauriac，1885—1970）：法国作家，在法国沦陷期间积极参与抵抗运动。1952年诺贝尔文学奖得主。

她还与约瑟夫·达尔南[1]的《民兵报》合作，达尔南在创刊号上"宣告"，这份喉舌刊物旨在"传递其命令和指示"。柯莱特的专栏名为"狂热者"，这其中也许包含了某种嘲笑，她在专栏中介绍了法兰西大剧院售票处前排长队的戏剧爱好者们……

在巴黎，警报声此起彼伏。柯莱特在致玛格丽特·莫雷诺的信中写道：

这是今早以来的第三次警报，或者我搞错了。但谁会给予它片刻关注呢？孩子们，他们的汽车和他们的母亲，都在花园里玩耍。

1944年8月24日，第二装甲师在戴高乐之前挺进首都。26日，柯莱特应西班牙大使何塞·马里亚·塞尔的邀请，在使馆阳台上观看了胜利大游行。

她开始躺在她所谓的"木筏躺椅"上写回忆录。在《晚星》中，她想回忆自己在德占时期紧张焦虑的岁月中产生的感受，以及她"在窗边"的观察，为她的煤炭供应能够持续到纳粹垮台而欣喜若狂。

1　约瑟夫·达尔南（Joseph Darnand，1897—1945）：法国作家，在法国沦陷期间与纳粹合作，成立"法兰西民兵"组织，镇压抵抗运动，二战结束后被判处死刑。

皇家宫殿成为一处文学景点，吸引着所有"有文化"的首都游客，而柯莱特的公寓则变成一座万神殿。世界各地的记者都前来拍照、报道或采访。

刚刚成功申请到出版执照的莫里斯·古德凯在9月创办了一家名为"花饰"的出版社。他和弗拉马利翁出版社联合推出了《柯莱特作品全集》。

1945年5月2日，柯莱特当选为龚古尔学院的十位成员之一。萨沙·吉特里也是其中之一，他曾由于"通敌"而在解放时被捕，后无罪释放。然而，考虑到他龚古尔学院的同事都没有为他辩护，他拒绝恢复自己在学院的位置，决定设立一个持不同政见的奖项。他在学院对他提起的诉讼中败诉，由柯莱特接替了他的位置。在龚古尔学院中，她见到了她的朋友安德烈·比利、弗朗西斯·卡尔科、吕西安·德卡夫 [1] 和小罗斯尼 [2]。她对待工作一丝不苟，每年评审之前都会阅读近百本小说。

《蓝色灯盏》——暗指她夜间工作时照明用的台灯——从1946年开始撰写，是她的最后一本书；用莫里斯·古德凯的话说，这是对"环卧室之旅"的邀请。她自由地对生活中的插曲、对她脑海中的闪念以及她的追求进行反思：

1　吕西安·德卡夫（Lucien Descaves，1861—1949）：法国作家。

2　小罗斯尼（J.-H. Rosny jeune，1859—1948）：法国作家，大罗斯尼的弟弟。

什么是完成！……我们应该在何时停止？

她在洛桑的出版商朋友梅尔莫[1]每周给她送两次花，并邀请她对这些花进行描绘。她的赞叹激发了灵感，写下《花事》，由劳尔·杜菲[2]绘制插图。1949年11月，她写信给克劳德·法雷尔[3]：

阳光抵达我的木筏，只要季节允许，它将长久停留。

她在靠窗的地方坐下来，望着皇家宫殿的花园。让·科瓦尔[4]精彩地描述道："她被一头浓密蓬松的头发笼罩着，她有一双令人钦佩的杏仁形眼睛，详细诉说着她隐居生活中不变的风景，或者通过敞开的窗户去发现草坪和树木、孩童和飞鸟。"

在她1950年年初写给娜塔莉·克利福德·巴尼的信中，她说道：

我很少出门，但我不觉得无聊……即使身受尖锐的痛

1　亨利-路易·梅尔莫（Henry-Louis Mermod，1891—1962）：瑞士出版商。

2　劳尔·杜菲（Raoul Dufy，1877—1953）：法国画家。

3　克劳德·法雷尔（Claude Farrère，1876—1957）：法国作家。

4　让·科瓦尔（Jean Queval，1913—1990）：法国作家、记者。

苦，也不能排除心灵的消遣。

而在另一封写给贝尔特朗·德·朱弗内尔的信中——她已经多年未见他了——她对自己的心境有了更准确的认识：

你有一栋漂亮的房子？……许多引以为傲的孩子？对我来说，我多少要对这么多的财产负责，把它们分别加以展示，哪怕只是在一张明信片上……五天后，莫里斯要带我去蒙特卡洛，就像去年一样。等我回来时，镜子会告诉我是否可以给你打电话。但届时你还足够年轻吗？

朱利安·格林[1]拜访了她，并在日记中写道："她那双大眼睛是我认识的所有女性中最美丽的，仿佛一只充满灵魂和哀伤的动物的眼睛。"

*

1950年，我向法国国家广播电台提议录制三十五期系列访谈，去讲述柯莱特令我钦佩的生活和工作。我们的愿望是报道一位女性内心惊人的终极秘密。柯莱特同意了，她被我友好的好奇心所吸引，这种好奇心在我们之前的会面中已

1　朱利安·格林（Julien Green，1900—1998）：美国作家。

经无数次表现出来，特别是在龚古尔奖颁奖的时候。

因此，国家广播电台每周播放两次柯莱特的访谈。她也由此接替了安德烈·纪德[1]。

她在自己的公寓里接待了整个录制团队，她坐在木筏躺椅上，靠着一个大枕头，脖子上通常系着一条白围巾。她卷曲的头发在灯光下形成一个光环。她右手拿着眼镜，有时握着笔，好像要做笔记。

她的眼睛炯炯有神，妆容精致，嘴唇微微泛红，她带着某种好奇的神情盯着我们，也许想知道什么话题会让我们感兴趣。她床头的蓝色灯盏，排列整齐的耳环，构成了一幅著名的布景。我们听到孩童般气息微弱的声音，但它们像音乐一样流动着。

女仆宝琳娜打开了博若莱街公寓的大门。然后莫里斯·古德凯也加入进来。他像导演一样检查布景的细节和人物的位置，当一切准备就绪时，他便离开了。他轻轻掩上了身后的门。

——早上好，夫人。

她对我笑了笑，一根手指抵着下巴，等待我的第一个问题。

1　1949 年秋季，安德烈·纪德与法国广播电台记者让·阿莫鲁什进行了三十三次访谈，并在电台定期播放。

一 "我要在这本书上署名！"[1]

1900年春天，《克罗蒂娜在学校》[2]出版了。在象征主义的迷雾中，一个世纪刚刚过去，克罗蒂娜这个人物的登场，仿佛一株醉心于生活的庞大花蕾爆裂开来。比如，在1900年5月的《法兰西信使》杂志中，我们可以在拉希尔德[3]笔下找到这样令人眼花缭乱的推荐语："我刚刚阅读了《克罗蒂娜在学校》。这既非小说，又非论文、日记、手稿，更不是任何因循守旧或意料之中的东西，这是一个活生生的、站立的人，真实得可怕。"还有："这是写给魔鬼的。克罗蒂娜

---

1 1949年年底到1950年年初，法国记者安德烈·帕里诺对柯莱特进行了一系列访谈，随后在法国国家广播电台播放。后来，以这些播出的访谈内容为基础，结合其他录音资料，最终形成了本书的内容。

2 《克罗蒂娜在学校》是柯莱特的处女作，既具有自传性质，又充满虚构，发表后引起了文坛轰动。小说为日记体，描写了十五岁的克罗蒂娜在乡间学校里经历的各种故事。

3 拉希尔德（Rachilde，1860—1953）：法国作家，原名玛格丽特·埃梅里。对柯莱特十分欣赏。"拉希尔德"是她的常用笔名之一。

说话时使用的是她故乡的方言。她是现代的，她是痞气的，她是古代的，她是从永恒中走出来的。"最后，这句话开启了一场真正的争论："不管维利作为花花公子、八卦人士或杰出作者是否创造了克罗蒂娜这个人物，或是他像采摘鲜花一样从一个心爱女子手中收集了这个人物，我都不在乎，这是一部杰作，足矣。"然而，细节自有它的重要性："克罗蒂娜"系列的作者维利之谜[1]持续了多久？

我认为它持续了很长时间，正是我写完四卷书[2]所需要的时间，但这种神秘感不仅被精心维护了，还曾得到我的青睐。

用什么方式？

署名，它不是实际作者的署名——再者我之前承诺过不对外透露。而且，说真的，我习惯于遵守我几乎所有的承诺。

1　1893 年，年仅二十岁的柯莱特嫁给了当时法国文坛知名人物亨利·戈蒂耶-维拉尔，"维利"是维拉尔的惯用笔名之一，因此他常常被称作"维利先生"。维利在当时的巴黎文艺圈颇为活跃，引荐年轻的柯莱特涉足其中。二人后来感情破裂，1906 年开始分居，1910 年正式离婚。根据资料记载，"克罗蒂娜"系列的成书很大程度上是出于维利的要求，并且他对其中的部分情节进行了设计，维利还亲自撰写了小说中的部分内容，但小说的主体依然出自柯莱特之手。这套书出版时署名"维利"，因此产生了所谓"维利之谜"。

2　"克罗蒂娜"系列共有五册，前四册为《克罗蒂娜在学校》《克罗蒂娜在巴黎》《克罗蒂娜在婚后》和《克罗蒂娜走了》，均署名"维利"，第五册《情感退隐》则署名"柯莱特"。

您写《克罗蒂娜》时和维利先生结婚多久了?

我不知道。写"克罗蒂娜"系列的时候,我想想……结婚四五年了吧。

那时候您多大?

二十二岁左右,不会太大,因为我在雅各布街那间阴暗的小公寓里[1] 只住了三年。

一份订单

您是在什么条件下写出《克罗蒂娜》的?

没有什么约束,但毕竟……是别人要求我写下这部小说,而我的工作方式很不舒服,因为家里没有书桌,只有餐桌的一角,歪斜的肩膀和一把破椅子;这些都是我的第一部书留给我的记忆。

---

1 1893 年,柯莱特与维利结婚后,曾在巴黎六区雅各布街 28 号暂住,直至 1896 年搬离。

维利先生不仅是要求您写《克罗蒂娜》，而且他几乎是命令您这么做的，不是吗？

命令，命令……你到这儿来只是为了让我回想起生命中那段不愉快的时光吗？

当然不是。但您为什么如此心甘情愿地屈服于维利先生的意愿呢？

我又有什么理由去拒绝一次别人要求我进行的尝试呢？

拒绝"捉刀人"的工作总是可以的，因为从一开始，您就知道《克罗蒂娜在学校》只会是一份捉刀人的工作。

啊！是啊，但我一直是为一种可能的结果而工作，而且那时我所预见的唯一结果，就是以为它永远不会被出版。

维利先生是从一开始就通过与您交流，比如为您指点一些人物或情境，来帮助您写出《克罗蒂娜》的吗？

主要是一些指点，但不能称之为帮助……不如说是给了两三条建议……一些刺激性的佐料[1]！

这是他的原话，不是吗？

是这样。"不要害怕制造刺激性！"

他有没有指点您如何去"搞刺激"呢？

他让我把那些小女生的知心话写得不那么适合小女生。

从一开始，克罗蒂娜这个人物就存在于维利先生的脑海中吗？他知道您要做什么吗？

不，他完全不知道。我向你保证，我也不知道！当时我们有无知的借口。

他读到《克罗蒂娜在学校》的手稿时，第一反应是什么？

写完之后，我把自己写在笔记本里的东西上交了——我

1　对于《克罗蒂娜在学校》一书，维利刻意选择的主题中便包括了女同性恋，试图制造出第二个萨福神话，这在当时的法国文坛相当刺激香艳。

必须找到以前在学校里用过的那种本子，要不是它们，我什么都写不出来。有了这些同样的笔记本，我才可以下笔。完成之后，我就交稿了，维利先生看了看，马上说："哦不，我真看不出有什么用。"然后他就把笔记本留在那儿了。我觉得这很公平，很合理，因为我在学校笔记本上记录的回忆着实平庸。

署名维利

所以后来《克罗蒂娜》被重新发现了？

一年后，维利先生整理了他的办公桌和抽屉。他找到了笔记本，说："咦，没想到我把笔记本留在了这里。"他重读了第一本，随后第二本，第三本，第四本——我也不知道到底有多少本——随后他的反应我一直没忘记，他说："看在上帝的分上，我就是个傻……！"然后他戴上宽檐帽，去找奥伦多夫[1]，我就是这样成为作家的。

但他没有忘记署名"维利"吧？

1　保罗·奥伦多夫（Paul Ollendorff，1851—1920）：法国出版商，建立了奥伦多夫出版社，1900年《克罗蒂娜在学校》由奥伦多夫出版社出版。

他之前没有把他的意图告诉我。

在您家里的那些朋友中间，在您身边的那个小圈子里，不是所有人都存了疑心。他们中的某些人是否对真相有所察觉呢？

哦！不，不是所有人。卡图勒·门德斯[1]和马塞尔·施沃布，我们的朋友和邻居；皮埃尔·韦贝尔[2]，我当时觉得他已经决定要和我从事同样的工作；还有维勒莫兹[3]、让·德·蒂南[4]，但也包括其他许多人，都坚信《克罗蒂娜》是我写的。我记得有一天，门德斯家的午餐结束时，在玛格丽特·莫雷诺[5]的陪伴下，我们单独相处了一会儿，门德斯颇为突兀地对我说："《克罗蒂娜》是你写的。"既然已经答应保密，我便矢口否认，他却马上打断我的话，说："我不是在问你问题。我是在陈述事实。我就是想告诉你，日后，就算你并不太清楚自己到底做

---

1 卡图勒·门德斯（Catulle Mendès，1841—1909）：法国诗人。

2 皮埃尔·韦贝尔（Pierre Veber，1869—1942）：法国作家。

3 埃米尔·维勒莫兹（Émile Vuillermoz，1878—1960）：法国作曲家，音乐批评家。

4 让·德·蒂南（Jean de Tinan，1874—1898）：法国作家。

5 玛格丽特·莫雷诺（Marguerite Moreno，1871—1948）：法国演员，柯莱特的好友，施沃布的妻子。

了什么，然而……不管是被迫还是心甘情愿，你都会发现，创造了一种所谓的典型人物到底意味着什么。你已经创造了一种典型，它将跟随你多年，作为一种奖励，但同时也是一种惩罚！"我想在这里补充一句，去年夏天，我收到了一本图册，里面有一套小饰品，叫作"克罗蒂娜的花边衣领"，其中有"克罗蒂娜在学校"，镶着简单的花边，而"克罗蒂娜在巴黎"，适用于更漂亮的礼服，但没有"克罗蒂娜在婚后"！最后是"克罗蒂娜走了"，是旅行用的！那一天，我又想起了卡图勒·门德斯和他那算命先生般的预言。

销毁笔记本！

您总是说："我答应了要保守秘密。"您是在什么条件下做出承诺的？

就像我们需要承诺时那样！有一天，一位年轻的女孩来找我，告诉我她的父母诅咒了她。我说："他们是如何诅咒的？还生效吗？他们是怎么诅咒你的？"她十分自然地回答："就像一个人诅咒别人一样。"好吧，我告诉你，我做出了承诺，就是这样。

您是否感觉您的事业命悬一线？我是笼统地说命悬一线，而不是悬于维利先生的发丝，因为他没有头发[1]。

命悬一线，是的，也许……如果那一天他没有整理他的抽屉，我可能永远不会写作。

您保留了《克罗蒂娜在学校》的底稿吗？

不，我没有保留。我有《克罗蒂娜在婚后》《克罗蒂娜走了》的笔记本，但我没有底稿。我不知道什么是底稿。

《克罗蒂娜在学校》那些最初的笔记怎么了？

维利先生曾命令当时担任他秘书的保罗·巴莱销毁了这些笔记本。

他有什么目的？

我不知道……也许是作者的自尊心。

---

1 "命悬一线"：法语原文为"tenir à un cheveu"，字面上可以直译为"取决于一根头发"，意思是极度脆弱、危险，"命悬一线"。同时，提问者利用"头发"进行了一个文字游戏，因为维利先生是秃子，没有头发。

您保留了"克罗蒂娜"系列的其他手稿吗？

是的，我一直留着它们。

没有维利先生，您会写《克罗蒂娜在学校》吗？

绝对不会，我甚至不会让你把话说完……这本不会写，其他书也不会。

通过克罗蒂娜，您是否多少感觉以某种方式身临其境呢？毕竟这是您记忆的一部分，您自己的一部分……

是有一部分……不过更多是某种场景，而不是回忆录式的叙事。我只喜欢某些场景，因为它们至少是真实的。

谎言组成的开场白

"我叫克罗蒂娜，1884 年出生在蒙蒂尼，我可能不会在那里死去。"[1] 这些话您还记得吗？

---

1 《克罗蒂娜在学校》的开篇第一句话。

喔！说真的，我相信这就是谎言组成的开场白！我不叫克罗蒂娜，我不在蒙蒂尼出生，出生时间也不是 1884 年[1]，好吧，你看，欺骗得如此出色，几乎已经是小说家的作品了！

您能不能把笔下的一些人物从虚构中剥离出来，为我们进行介绍？高个子阿奈斯[2]，个性不寻常，是个骗子、谄媚者、佞臣、叛徒，铁石心肠，她是否真实存在？

喔！我在写作时有些夸张。但我希望她依然健在，我相信她有过一段非常美满的婚姻。我还有一张高个子阿奈斯的小照片。那张照片被截去了一部分，她站着，手握当时的自行车车把，几乎是史前的工具！可以说我对她的描绘并不真实，但我笔下的女主人公此后将她的宽容和友谊传递给了我。

那么艾梅·兰特奈[3]呢？她在您的书中扮演着重要的角色，正如您如此精彩地描绘了她那温柔小猫般的天性，纤敏、胆怯、不可思议的温存？

1　柯莱特本人 1873 年出生于法国中部的圣索沃尔昂皮赛。

2　高个子阿奈斯是小说中克罗蒂娜在学校中最亲密的朋友，身型高瘦，"高个子"是她的绰号。

3　艾梅·兰特奈是小说中克罗蒂娜学校中的女助教，与克罗蒂娜之间存在朦胧的情愫。

不知道我描绘得好不好，在我的印象中，这仅仅涉及高年级学生难免对助教产生的那种"热情"而已。

您有事先为叙事和人物的展开构思提纲吗？

倒不如说是缺乏文学提纲！……我二婚嫁给了一个迷人的男性，名叫亨利·德·朱弗内尔，我还记得，有一天，他大概是看到我在写小说时相当为难的样子，便告诉我，好的小说没有提纲是行不通的……他甚至提出要为我撰写一份提纲，教我怎样做。可能是写《谢里宝贝》[1]的时候，但不完全确定。他为我草拟了一份提纲，仅从排版上看，也让我觉得极为有序，总共有二十二章，我还记得。看到这份我之前没有构思出的提纲，我不知道自己当时的反应是怎样的，但我记得自己忍不住号啕大哭起来。这倒是让我重拾了心情，亨利·德·朱弗内尔答应我，他再也不会尝试为我草拟什么了，也不会劝我写提纲了。

从某种程度上说，人物从您的笔下流淌了出来？

我不知道。你要我怎么做？你怎么能指望我记住像小

1　《谢里宝贝》是柯莱特出版于 1921 年的小说，是她最出名的小说之一。

说中的人物这样偶然的事呢？

那我们看看《克罗蒂娜在学校》中的一个人物，教师塞尔江小姐[1]：她是不是从您笔下流淌出来的？

她既是我的遗憾，也是我的美好回忆。她是一位才华横溢的女性。在短短几个月内，她将一所几乎被老教师废弃的学校改造成了一所了不起的学校。如果说，由于我自己的过错，我们没有成为一辈子的贴心密友，至少我可以高兴地告诉自己，在她生命的最后几年，在她退休并成为荣誉教师后，我们保持着定期的、语气极其亲切的通信。

在对她性格的刻画中，是否有一种您不自觉的对她的不满情绪？您不是在《我的学习生涯》中写道"几本《克罗蒂娜》表现的是对危害的不在意"吗？

是的……有那种虚荣心，一个十四五岁的女孩子可能要成为班上的"大姐大"，成为"叛逆"的学生，才能得到同学们的关注和喝彩。我看不出更多东西了。

1　塞尔江小姐是小说中学校的校长，与克罗蒂娜产生了许多冲突。

还有那个学区督导，杜特尔特大夫[1]，这个奇怪的人物，您真的认识他吗？

他是学区督导，这完全是事实！他也是一名医生。他有过不少事迹，在愉快地当上众议院候选人之后多年，他还当上了财政部部长，虽然任职时间不长！

您当时已经察觉到了他的野心，我可以这么说吗？

（柯莱特笑了）

"克罗蒂娜"这个名字，是您编出来的，还是留在您记忆中的呢？

是我，也不是我！一个小号的我，以最讨喜的形式出现了……一种野性的状态，我想说，如同野蛮时代！我和我的兄弟们，还有我的母亲，我们都热爱纯朴的乡村、野生动植物以及所有对我而言依然如此诱人且令人欣喜的东西，但随着年岁增长，这一切都离我远去了。

1　杜特尔特大夫是小说中的学区督导，试图参选议员，追求权力，私生活混乱。

小克罗蒂娜在她的小村庄里生活得怎么样？她幸福吗？

是的，因为她不会问自己这个问题！所以我曾经很幸福。

您对自己的青春有什么印象？是那种克罗蒂娜式的回忆，还是非常低调、安静呢？

不，我记忆中的自己是很听话、很文静，也很恋家的。我知道自己没有在"克罗蒂娜"系列中给人带来这种印象。但这不完全是我的错！

女孩和男孩

现在我们来说说火爆的部分。《克罗蒂娜》中的某些段落充满了肉欲的感伤，这都要归功于维利先生。例如，当克罗蒂娜和艾梅谈话时，她会说："啊，你好瘦啊，仿佛一折就断了，你的眼睛在灯光下可真漂亮。"又如："我把椅子靠在她的肩膀上，她的手臂环绕着我，我按住她弯曲的腰部。"感觉这是一个男孩在说话吧？这些都是您的构思吗？

是的，当然！为什么一个女孩就会完全缺少和同龄男孩一样的情感呢？哪怕她非常年轻。这说不过去！

那些肉欲的感伤段落不是出自维利先生笔下吗？

不，他什么也没补充！他给了其他建议，他希望更强烈一点，但令我惊讶的是，说真的，我确信这一时期我已经拒绝做出修改了。

所以您当时已经对您的风格和作品产生了意识吗？

喔！不，我当时以为我的作品会仅限于《克罗蒂娜在学校》。

我略有所感，今天，您对《克罗蒂娜在学校》的评价有点轻蔑。您想把它推到阴影里去吗？

也许你是对的吧？也许我错在"脸红"——这个词并不过分——为以前写下的"克罗蒂娜"系列或者单纯对这本《克罗蒂娜在学校》感到脸红，不过你不必自责，你应该在四十年前就来采访我！

我们毫不怀疑，那些对于自然景观或校园情景的描述（考试日，法语作文，向部长献花的仪式）唤起了十分精确的回忆，但今天您也许很难想起它们吧？

除了几个细节，你提到的那些事件都是真实的，不过我描述得有点连篇累牍，在这部文学作品中，我觉得自己清晰地察觉到了它在技巧方面的匮乏。至于那些风景描写……只是文学而已！

让我们回到1901年《克罗蒂娜在巴黎》出版的时候，把您的记忆唤醒。您是在什么精神条件下写出这本书的？

"精神"？恐怕这个词有点超出你的想法和事实。我在雅各布街那间不舒适的公寓里写下了这本书，仅此而已！而我也无法用一种足够清晰或者生动的方式去回忆，《克罗蒂娜在巴黎》，这部可怜而微不足道的小说，我到底是在什么样的条件下把它写出来的了。

写下一部"订制"的小说——因为您的情况就是如此——这个单纯的事实本身，不就给作者造成了一种相当特殊的精神氛围吗？

我宁愿向你坦白，我写作的时候，没有被拘束、被逼迫，但也并非心怀喜悦。我当时并没有多少热情。

文学圈子里的波希米亚人

您第一次离开家乡是什么时候？

在我六岁时，妈妈带我去布鲁塞尔的姑姑家。让我记忆最深刻的，是一幕我从未见过的场景——因为我们村里没有铁路。在一个明媚的清晨，在机车的浓烟中，有一缕灯光，透着近乎彩虹般的颜色。对此至今我都无法忘怀。

您是在什么时候、什么情况下和维利先生结婚的？这个问题，尤其是您的回答，对于您的作品而言相当重要。

你这么认为吗？好吧，我会很难适应。维利先生在我十五岁时向我求婚，两年后，我们还在订婚阶段，就像旧小说里那样。

对您来说，在您所认识的那个男人和他外在表露的人格之间，存在很大的区别吗？

你扯得有点远了！我想不出还有什么可以告诉你的。在感觉和事实之间，可以有很多不同之处！

在您和丈夫搬到巴黎之前，您了解巴黎吗？

了解。我曾经在巴黎住过几个星期，住在绍尔登将军夫人家里，她是我父亲同学的遗孀。

您还记得抵达首都时的第一印象吗？

我记得。

在《克罗蒂娜在巴黎》中，您将女主人公的印象表达为："旅途，抵达，定居巴黎的开端迷失在一片愁云惨雾之中。"您是否也感受到了克罗蒂娜的这份悲苦呢？

是的，那是我第一次彻底离开家人，是我第一次搬出去，迁入新居。后来，我开始喜欢上这种感觉，因为我已经搬过十三四次了！不过，在那时候……

您到达巴黎后，和什么样的圈子交往？

一群巴黎的、文学圈子里的波希米亚人。我没有忘记那些重要或次要人物，他们特点鲜明，声音洪亮，某些方面相当惊人，有的让我喜欢，有的惹我生气。

您能不能给我们说几位您身边朋友的名字？

我的婚姻生活刚开始的时候，在雅各布街那间悲伤的公寓里，我曾与一群快乐的年轻人来往。其中一些人初入文坛，比如皮埃尔·韦贝尔，以及当时非常年轻的莫里斯·库农斯基，他后来成为"美食王子"。有让·德·蒂南。有马塞尔·施沃布，他犹如一颗卓越而幽暗的星辰。还有像维勒莫兹和斯坦·戈尔斯坦[1]那样优秀的音乐评论家。这是一种往来的过程，我想说的是，这种过程很快就有了工业化特征，因为他们到我这儿来也是"订制"的。

您当时在巴黎没有经常拜访的朋友和亲戚吗？

我的家人一直喜欢住在逼仄的外省……我们生活在"自己人中间"——也许正因为如此，来到巴黎我才会感受到强烈的格格不入——我不能说这样的氛围悲苦，但的确让人难受。

您抵达巴黎之后，经常和一群中产阶级来往，经常和

1　斯坦·戈尔斯坦（Stan Golestan，1875—1956）：罗马尼亚裔法国音乐评论家。

您喜欢的亲属来往。

啊！是的，我公婆那边的亲属……他们很有人格魅力，印刷出版商戈蒂耶－维拉尔[1]。我曾在维拉尔家度过漫长的假期。我必须说，我曾经非常依恋他们，回忆起这些事让我感到很高兴。

一只安哥拉猫

《克罗蒂娜在巴黎》一书中，有大量的人物和场景来自您的个人生活。譬如雅各布街，您曾在那里暂住，就像克罗蒂娜一样吧？你对这条街还有印象吗？

有。在偶数门牌号对面，有一家颇为简陋的旅馆，里面却住着一位极美的神灵，一只漂亮的安哥拉猫。每周有那么一两次，它忠实的主人们会在旅馆院子里放一个澡盆，配上一壶温水和一块肥皂。等到所有准备工作就绪后，安哥拉猫便会逐级而下，自己走进它的澡盆里去。

1　让－阿尔伯特·戈蒂耶－维拉尔（Jean-Albert Gauthier-Villars，1828—1898）：维利的父亲，柯莱特的公公，创立了戈蒂耶－维拉尔出版社。

当时您是不是已经爱上了猫咪？

人要么天生爱猫，要么永远都不爱！

当时您也养猫吗？

对，我有一只母猫……是一个瑞典领事家庭留给我的，他们回国了。

您住在雅各布街，克罗蒂娜也住在那儿；您有属于您的猫，克罗蒂娜也有。她有女仆，您也有女仆吗？

我从村里带来了一个孩子，她是家里十几个孩子的姐姐，她的父亲是圣索沃尔昂皮赛的乡村邮递员。这又是一个无关紧要的故事……

雷诺[1]住过的巴萨诺街，是否唤起了您的回忆呢？

当我写到，雷诺，我的"男主人公"——如果我敢于这样称呼他的话——住在巴萨诺街时，当然会让人想起一些

1　雷诺是《克罗蒂娜在巴黎》中的男主角，克罗蒂娜的恋人。

特别的东西。我记得很清楚，当时我根本不知道巴萨诺街[1]在哪里，而我也不需要知道。

跟所有新派巴黎女人一样，您也会去女士时装店淘宝吗？

喔！不，等到我有了钱、有了欲望去逛那些时装店时，年华早已逝去。有巴蒂诺尔街区[2]的小裁缝，我就满足了！

您对时尚的品位是什么？

我觉得我的衣品几乎没有变化。永远是穿一条好看的百褶裙，一件衬衫和一件西装！

在您的记忆中，是否还有探索百货公司的时刻？您在《克罗蒂娜在巴黎》中用了整整一章描述百货公司的气味，尤其是布料的气味。

---

1 巴萨诺街位于巴黎第八区，与香榭丽舍大街交汇。

2 巴蒂诺尔街区位于巴黎第十七区。

我恐怕只是为了把篇幅拉长，而且总是出于同样的原因。

克罗蒂娜"好看的糖表哥"马塞尔[1]，这个人物有什么现实原型吗？

没有任何现实原型。在雅各布街出入的各色人中，我会时不时见到个别年轻人，他们关心伦敦的领带样式和剪裁得当的服装——我点到为止[2]。

是维利先生"启发"了您这个角色吗？

我忘了，感谢上帝！倒不如说，他会把我推向那个方向。

雷诺对您来说到底意味着什么？

连一个鬼魂都算不上，他没有梦的维度。

1　马塞尔是《克罗蒂娜在巴黎》中的人物，一个男同性恋。

2　在《纯洁与不洁》中，她曾经写道："我曾经与各种各样的男同性恋有过长时间的频繁交往，多亏了维利先生的一位黑人秘书……"——原注有些人在莫吉[1]这个人物身上看到了维利先生。是这样吗？

是的，一个量身定做的人物！莫吉，作为一个小说化的形象，倒挺类似维利先生的实际情况——物归原主……

比如，您说维利先生对这些人物下了订单，那是不是意味着他知道小说的主题以及人物的数量呢？

是的，直到《克罗蒂娜在巴黎》，都是这样。包括《克罗蒂娜在巴黎》。

您在写稿之前和他交谈过吗？

没有！我感觉这样会让我灰心丧气，甚至完全停笔。

所以他是事后介入的吗？

千真万确。如果我不是确实腿脚不便，只好靠在这沙

1　莫吉是《克罗蒂娜在巴黎》中的男配角，是一个性格错综复杂的人物。根据法国学者的研究，莫吉这个人物可能直接出自维利的手笔，是维利的自画像。在柯莱特的回忆录中，她也曾多次将维利称为"莫吉"。同时"莫吉"也是维利使用过的笔名之一。

发上，我还能给你看几页我保存的旧手稿，空白处有些笔记和批注。

您所描写的巴维尔、布雷达和德拉苏格斯这三个朋友[1]，他们是对现实的拟真吗？

完全不是！当我频繁出入那些能听到好音乐和优秀音乐会的地方时，他们便在我的生活中出现了。他们三个都是很优秀的音乐家：一个唱歌比谁都动听；另一个是皮埃尔·德·布列维尔[2]。

那么，您以批评家贝莱格与克洛维茨（那个长着猩猩脸的人）为名描绘的那两个人物，他们都是谁？

他们并不来自我。请别忘了恺撒的归恺撒。他们都诞生于维利先生的一次增补，二人在现实生活中和他发生过争执。

---

1 在小说中这三个人的名字总是被一并提及，柯莱特进行了这样的描写："一个迷失在我们中间的瓦卢瓦人，纤弱而高贵，仿佛一条纹章上的猎兔犬，这是巴维尔；一个健康的英俊男孩，长着一双带黑眼圈的蓝眼睛，一张女性化的甜美嘴巴，这是男高音布雷达；这个无精打采的大个子是德拉苏格斯，在他哑光的肤色和锋利的鼻梁中还保留着一丝东方韵味，看着人们从面前走过，严肃得像一个听话的孩子。"按照柯莱特的意思，这三个人物有现实原型，但性格举止等完全不同。

2 皮埃尔·德·布列维尔（Pierre de Bréville，1861—1949）：法国作曲家。

关于《克罗蒂娜在学校》，对于女主人公的行为，您曾经提到过"青春之罪"。请问您如何看待克罗蒂娜在巴黎时的态度？

就让这本书留在它无足轻重的位置上吧，这很适合它。

书中的几首歌曲，您说是您父亲写的，您到底是从哪里把它们摘录下来的？

我没有说是他写的，是我专门给他留的。这些歌曲属于他作为佐阿夫军团上尉的本领。

第二册《克罗蒂娜》在批评界的反响如何？

我忘了。你知道，我当时对这些不大在意。

您也忘记了维利先生的反应吗？

他的反应一直很愉快。这些依次推出的系列丛书，当时都卖得很好，后来也卖得不错。

维利先生是如何安排工作的？他如何把那些为他工作的人集中起来？

我已经对你提到过其中的一些人。让我们在这个名单里加上保罗·巴莱、布勒斯坦、帕苏夫、维勒莫兹、让·德·蒂南、安德烈·勒贝、让·德·拉伊尔[1]等人，他们创作了维利的一些小说。还有斯坦·戈尔斯坦、阿尔弗雷德·欧内斯特、克劳德·德彪西、樊尚·丁迪[2]，他们共同酝酿了《女引座员的信》[3]。欧仁·德·索莱尼耶尔[4]为他提供了关于路易十五结婚的文件以及一些德文手稿。他们都曾为维利先生工作，他经常用到他们。但我并不了解他的各种隐情。我的同事都是一些真正的作家，而且真的是非常好的同事，和他们一起，我们选用了一个术语，以此来谈论那些我们谁都没有署上名字的作品：我们说"在车间里工作"。

---

1 莱昂·帕苏夫（Léon Passurf, 19 世纪—1939）和安德烈·勒贝（André Lebey, 1877—1938）均为法国作家；让·德·拉伊尔（Jean de La Hire, 1878—1956）：法国通俗小说作家。二十岁刚到巴黎时做过维利的秘书。他们都为维利代笔写小说。

2 阿尔弗雷德·欧内斯特（Alfred Ernst, 1860—1898）是法国音乐评论家；克劳德·德彪西（Claude Debussy, 1862—1918）是法国著名作曲家；樊尚·丁迪（Vincent d'Indy, 1851—1931）是法国作曲家。他们曾为维利代笔写音乐评论。

3 1890 年，《女引座员的信，音乐之旅》一书出版，作者署名为亨利·戈蒂耶-维拉尔（即维利）。

4 欧仁·德·索莱尼耶尔（Eugène de Solenière, 1872—1904）：法国音乐评论家，著有《维利》一书。

一个小女人

在第二部《克罗蒂娜》出版后，您是否对于自己作为一名作家的价值产生了更清晰的认识呢？

我作为作家的价值！这不是一个令人愉快的想法，它会迫使我谈论某种复杂的自卑情结，在我的写作生涯中，这种感觉经常令我局促不安。

与马塞尔·施沃布这样的男孩频繁接触难道没有给您某种启示吗？没有给您某种引导吗？

完全没有！施沃布为人善良而有能力——这么说并不太过分——却很愿意与我进行长谈，一想到这里就让我感到受宠若惊。我是个矮小的女人，对吧，那时候还一文不名。我当时是一个留着长头发的小女人，我甚至相信，如果我不是这样，那么像施沃布那样伟大的人物以及其他那些比他魅力略逊一筹的聪明男士，就不会对我情有独钟了。

对于克罗蒂娜的性格，您写道："她有惊世骇俗的需要，渴望扰乱人们的安宁，撼动过于平静的生活……这会给她带来负面的影响。"可以由此想象当时的柯莱特也是这样吗？

很遗憾地告诉你，你完全错了，在你提到的那个克罗蒂娜的性格与我的性格之间，没有任何相似性，甚至没有可供类比之处。我的头发特别长——就像我姐姐一样。我是一个很文静的小姑娘，看起来有点——不是笨，而是"苍白"，因为我不肯出门。我不想了解巴黎，那并不能增强我的体质。所以我的头发留得非常长……我记得十五岁半的时候，我被带去参加一场大型活动——在那个遥远的年代，还是一个非常隆重的活动——国家美术沙龙。那里有一条很长的楼梯要爬。我母亲叮嘱我要当心自己的长头发，她比我还要喜欢我的头发。于是，我找出一条原本固定在裙摆底部的小丝带，把我的两条辫子系了起来，垂在胸前。我记得，在登上国家美术沙龙的楼梯时，我没有注意自己的长发。我的脚踩到了辫子末端，整个人摔倒在地。

可爱的逸事，那您能不能明确地说一下：您是不是也像《克罗蒂娜在巴黎》一样，一到巴黎就生病了？

你不会知道的。很简单，是的，我生病了，是母亲来照顾我的[1]。

在《克罗蒂娜在巴黎》中，您谈到了弗朗西斯·雅姆[2]，关于"对动物的热爱、老式花园和生活中蠢事的严肃性"，他教会了您很多东西。

你知道吗，弗朗西斯·雅姆和我，我们从未见过面？我们以近乎温柔的口吻给对方写信，说真的，他的字非常漂亮。你想得很对，我把它们都保存了下来。

您还告诉我们，您发现了"于勒·雷纳尔[3]充满自信的直截了当，他在他的剧院里让您陶醉"。

是的，那种热情，当时一定是真实的。不过之后它就渐渐远离了我！

1　在《我的学习生涯》中，柯莱特写道："在年轻人的生命中，总有那么一刻，死去对他们而言合情合理，和活着一样正常、一样魅惑，我犹豫了。"不过，她的青春战胜了疾病。克罗蒂娜和柯莱特一样进入了康复期。她遵医嘱剪短了头发，柯莱特也"服从维利先生的建议"剪短了头发。二者相似性还不止于此。——原注

2　弗朗西斯·雅姆（Francis Jammes，1868—1938）：法国著名诗人，与柯莱特保持了长期通信。

3　于勒·雷纳尔（Jules Renard，1864—1910）：法国剧作家。

为什么像您这样的天才女性会接受维利先生那么长久的监护呢?

我当时绝对不愿意——绝对不愿意——让母亲发现我过得不幸福。况且,我还得考虑物质方面的需求。我没钱,家里也没钱。我不得不倒退成那个在生活中一败涂地的人,而且是由于她自己犯了错。我留下了。无论山羊被拴在哪里,它都必须吃草[1]。

系列第三部《克罗蒂娜在婚后》有哪些自传成分?

来自我的个人生活吗? 我的生活很平静! 一个二十五岁的小作者讲的故事而已,你不要被它摆布了。

---

[1] 这些回答可以与以下节选进行对照阅读:"自由……是不是很沉重,克罗蒂娜? 是不是难以掌控? 或者,它会是一种狂喜,笼子打开了,整个地球都是我的?"(《克罗蒂娜走了》)"占卜师弗雷雅,当时还很年轻,正处于成名初期。她看着我的手掌,惊诧道:'咦,真……真奇怪,难以置信……必须摆脱这种局面……''摆脱什么?''摆脱你待的地方。''搬出去?''对,不过这只是一个细节而已,你必须摆脱它……你已经耽搁很久了。'尽管她预示的内容颇为晦涩,但我仍然同意她的意见。此后,我接受了一个想法,即我们俩都是错的,而我并没有耽误太久。一个人最好不要展望他的十年人生——我还大方地额外增补了三年——只要那十年是从青年时代开始的。逃离本来就是要面向一个未来的时间。我的父亲,一个缺乏远见的人,没给我留下任何未来感,而忠实的茜多,则对那些狭窄的道路投以惊恐的一瞥,她的孩子们将在这些道路上一直走到死。"(《我的学习生涯》)——原注

维利先生的报复

不过，您在书中提到的许多人物确实存在，比如吃白食的院士格雷维尔？

这不关我的事。我记得很清楚，那段时间维利先生刚刚和阿纳托尔·法朗士[1]发生过争执。

于是他用讽刺画的方式来报复他？

是的。

维利先生在这第三部作品中的戏份是什么？

我不觉得这重要到能够让我清晰地回忆起来。

我们能够认为这本关于克罗蒂娜与蕾姿[2]的小说完全是您写的吗？从头到尾都是您构思的吗？

1　阿纳托尔·法朗士（Anatole France，1844—1924）：法国著名作家，1896年当选法兰西学院院士，1921年诺贝尔文学奖获得者。

2　蕾姿是《克罗蒂娜在婚后》的重要女性角色，介入了克罗蒂娜婚后的情感生活，成为她的同性恋人。

当时这种体裁"搞得很好"。后来，我们还有时间和机会对这些包括碧丽蒂斯[1]和其他东西在内的消遣娱乐开点玩笑[2]。

所以您跟从了潮流？

——应该承认，当时，维利先生对我而言便代表了潮流的一个重要组成部分。

---

1 《碧丽蒂斯之歌》是法国作家皮埃尔·路伊斯（Pierre Louÿs，1870—1925）1894 年出版的一部散文诗，是一部托名古希腊女诗人碧丽蒂斯的伪作，歌颂了萨福式的女同性恋，在当时引起了轰动。

2 在《纯洁与不洁》一书中，柯莱特发表了一些内容，对《克罗蒂娜在婚后》进行了增补："两个女人之间，忠诚并非诞生于激情，而是产生于一种亲缘性……我写的是亲缘性，也许应该写成相似性……二人紧密的相似之处甚至巩固了性快感。女友乐于抚摸一个她知根知底同时她自己的身体也喜欢的身体，这种确定性给了她满足感。如果两个人分开，两个影子便像是一个照着另一个摹画的，这里薄，那里鼓，就像两根栏杆的影子，中间给入侵者留下空间，足以破坏这种智慧的建筑结构……两个彼此深爱的女人不避讳快感，也不避讳一种比性高潮更分散、更热烈的感官愉悦。这种不会消退、无须现身的肉欲，对目光的交汇、对勾肩搭背感到的喜悦，对藏在秀发里的温热麦香的感动，这些不断再现的习惯带来了乐趣，正是这些乐趣产生了忠贞，并为忠贞辩护。也许，这种人们所谓玷污了爱的爱躲过了四季的更迭、爱情的衰落，只需用无形的严厉来支配它，以很少的营养来养育它，让它摸索着、漫无目的地活着，它唯一的花朵是一种意识：另一种爱情既不能试探它，也不能理解它，只能羡慕它。"提到著名的《兰戈伦处女》，她又写道："在这里，普通读者会微笑，他也不免会小声说'呃，呃！'。但我不是一位普通读者。我不会在这时候对两个女人微笑，她们拒绝模仿一对情侣，而是越过、取消虚假的处女膜阶段，最终一同睡去，一同醒来，共同面对焦虑的夜晚……因为，这两个已经决心单身的女人完全没有安全感。对她们来说，一切都被允许，除了安静的生活。""这就是为什么我怀着友谊和开明的情感去注视'那个'被焦虑所侵袭的房间，然后被睡意，最终被黎明拜访；'那个'房间和'那张'床，两个疯狂而可爱的生物，如此坚定地忠于一个幻想，在那里休息。"——原注波莱尔这个角色，您在书中描述了两遍她矮小的体态——她和您走得很近吗？

是的，我跟她很亲近，但我不清楚你说的"很近"是什么意思。不算她的咖啡馆演唱会之旅，从她想要走上舞台的那一刻起，我们俩就成了很有默契的好友。真的。说起来，我和她还拥有同一个"顾问"：维利先生。他给我们买过一样的衣服，正是在那段时间，我把头发剪了，并没有太多私下的盘算，因为我受够了自己一米五九的长发，就是这样！我并不是真的要追求"相似"。我很想留短发，于是一天早上……几剪刀，就无法挽回了！

我还记得自己给母亲带来的痛苦，记得她用迷人而醒目的风格给我写了一封羞辱的信："你做错了。你的头发不属于你；自从你出生，它就一直是我照顾的对象。我把它托付给你寄存，你却任其破败。"这些话一直留在我的脑海中。

为什么维利先生要为您和波莱尔买一样的西装？

为了宣传。你又不是小孩子，怎么能问我这种问题！

他是不是觉得你们二位外表上有惊人的相似之处，所以应该强调一下？

不是外表像，而是举止、发型、衣着上的相似。仅此而已。波莱尔外表看起来既像一只腰部勒紧的蚂蚁，又像一只黄黑相间的胡蜂。她看起来轻盈、灵巧、尖刻。而我，我是一个刚刚重拾健康的柔弱娇小女人。

在《克罗蒂娜走了》中，您跟我们谈到了拜罗伊特[1]，还谈到了地中海。我想这和您现实生活中的旅行相吻合。

也不能说是旅行，或许叫迁移更合适。

我的志向：音乐

既然说到了拜罗伊特，您能不能和我们谈谈您一直非常热爱的音乐呢？

这曾是我真正的志向，但我很久以前就放弃了。我家里每个人都是音乐家。

---

1 德国城市，著名德国音乐家理查德·瓦格纳（Richard Wagner，1813—1883）晚年的住所，1876 年开始每年举办拜罗伊特音乐节，演奏瓦格纳的音乐。从 19 世纪末的象征主义时代开始，瓦格纳逐渐在法国文坛形成愈发巨大的影响力，柯莱特的许多朋友都是瓦格纳艺术理念的追随者。

第三部《克罗蒂娜》出版后，您对维利先生的感情如何？

你不会知道的。

您不想努力回答我吗？

努力！这根本就不是应该谈论的内容，我不想向你倾诉内情[1]。

您在面对自我时，面对这种您甘愿接受的奴役时，您有何感受？

并不光彩，也没什么好骄傲的。

1903 年，克罗蒂娜走了，而柯莱特也出发去寻找自我。从 1900 年起，您每年出版一部小说。对于一位如此年轻的女性来说，这是很优秀的产量。《克罗蒂娜走了》对应了您

1　关于她与维利先生的关系，柯莱特在《我的学习生涯》中写道："他一直怪异地对我尊称'您'，而我对他则以'你'相称。"在《克罗蒂娜在婚后》中，女主人公解释道："我未能给予我丈夫的唯一一爱抚，就是以'你'相称。每时每刻，当我恳求他的时候，当我同意的时候，当等待的美妙折磨迫使我用不属于自己的声音抽搐着说话的时候，我总是对他说'您'。不过，对他说'您'，难道不是克罗蒂娜给予他的一种有点蛮横又熟悉的独特爱抚吗？"——原注

人生中的哪个精神和情感阶段呢？

我记不住日期，无论是历史性的，还是无关紧要的，比如你问我的那个日期。我不知道。

那么您当时是否打算与维利先生分手呢？

喔！没有。其实，我不必有这样的打算，因为他已经要离开了，而且是以一种非常明确和坚定的方式离开，就像他所证明的那样。

能不能问一下，您是在什么情况下和维利先生分居的？

不能。首先，不能问我这个问题。其次，我告诉你：他对自己的意图了解得一清二楚，我不需要表现出什么。

一部预言性小说

不管怎么说，《克罗蒂娜走了》是在您和维利先生分居时出版的，对吧？

我不知道。

我想请问您，在那一小撮亲密友人或熟人中——您已经说出了他们的名字——是否有几个人，从 1902 年到 1903 年起，就以某种方式支持或干预了这次分手呢？

喔！没有。此外，维利先生也不会容忍任何人介入来阻挠或赞同他的意图。

无论如何，您和维利先生的分手没有文学方面的动机。坚持让它发生的人并不是您，因为您被他对待您的方式刺伤了，是这样吗？

我相信他当时有再婚的打算，至少打算与其他女性交往。

是否可以说，《克罗蒂娜走了》在某些方面表达了您的一部分个人生活？

《克罗蒂娜走了》？喔！很少。我很想告诉你，在这本薄薄的书里，存在一些与我个人生活状况的重合，但这些状况确实没什么分量，至少没什么文学上的分量。

在我看来，在您所有的作品中，您都通过情节安排对您自己的某些方面进行了挪移。我想请您澄清一下，您写《克罗蒂娜在婚后》，是不是想逼问命运，"召唤"别的什么东西，抑或在为自己辩护呢？

这本书中所叙述的事情是重要的或真实的，这个想法，请你把它抛掉。

让维利先生单独在这本书上签名，是否让您感到难受？

当我发现维利先生保存了这本书的一页手稿时，我真的吓了一跳！一张被他精心布置的手稿，上面还有许多涂改。我看到这张手稿时，受到了冲击，不能说心情愉快。

您有没有把您的感受告诉维利先生？

我告诉他了，但被迫使用了一种温和的措辞。我的"抗议"针对的是这个笔迹、这个赝品的"形态"方面。

我相信这张手稿是让·德·拉伊尔先生在他的一部小说中发表的，他在小说中介绍了《克罗蒂娜》的作者维利先生？

我不知道。

小说的出发点是什么？您对《克罗蒂娜走了》的基本理念是什么？

你假设我的小说存在一个基本理念，真是高看我了。

您不是从一个主题出发，从一个纲领开始的吗，我不想说提纲二字，因为我们知道您早就被提纲搞糊涂了；但我想您是从一个想法开始，然后逐步发展起来的吧？

我更愿意承认说这些是由片段和碎片写成的，这也是事实。

让我们来看看您笔下的那些人物吧。他们中的一些人是否现实存在呢？就拿玛尔特来说吧，她被您称作"街垒女侯爵"。她真实存在过吗？

不，完全不存在。这是一个纯属虚构的小小造物。

那么她的丈夫莱昂，她那苍白的配偶呢？

他也不存在：这难道看不出来吗？

无论如何，回过头来想想莱昂这个人物，他的妻子每天关他四个小时，就为了让他写出六十行字，真是相当搞笑。您没有用别的方式对待他，肯定是想要自嘲！

你说的有些许真实性，而且，我的天啊，你要承认这是有可能的。

瓦伦丁·夏塞内、弗洛西小姐、罗夫钦，他们都是纯属虚构的人物吗？

幽灵，都是幽灵。

不过小卡利奥普，绿眼睛的女神，她有什么现实原型吗？

就当她是一个年轻貌美的希腊女子吧，活得很轻松，对自己的外貌、对生活都很满意。你看，这就是一个幸福的女人。

在《克罗蒂娜走了》中，您创造了莫吉这个人物，一个富有的收藏家。

我没有创造任何东西。这本书对应的是这样一个时期，靠着"克罗蒂娜"系列以及其他手段，维利先生赚到了很多钱。

是维利先生让您把他描绘成这样的吗？

只能说他强烈鼓励我这么做。

莫吉的每一句话几乎都可以署名"维利"。比如这一句："一上来就要对恶予以承认。以后总会有时间去了解的。"这不是柯莱特的话吧？

我希望这不是我说的，但我能这么回答吗？已经晚了。

您是否曾对最初的版本做出过大幅删减？例如，关于拜罗伊特音乐节的整整一页完全消失了。为什么会这样？

我有理由相信，这篇音乐评论并非出自维利先生之手，而是其他几个人写的，我甚至可以说出他们的名字。我想还是删掉的好。维利先生如果愿意的话，是能写出来的。他是音乐家，拥有敏锐的听觉、良好的记忆力和优美的嗓音。现在我发现他身上存在这么多优点！但是，说实话，很大一部分真相就是，我相信他终其一生都患有一种意志方面的疾病，使他无法写作。

你归在克罗蒂娜身上的一些新发明，多半是您的个人体验。比如，她重新发明了用来烤巧克力和菠菜馅饼的铲子，等等，之类的东西……

那些发明出来的东西？要知道那些都属于乡村美食，我很遗憾你不认识比如菠菜馅饼、南瓜馅饼、鲜韭葱馅饼之类的食物。至于用木炭或煤炭烤制的巧克力，我从出生起就知道这个食谱。我家一直按照这个食谱来做。我觉得很好吃，强烈建议你去尝试一下。

这向我们证明，尽管您否认了，您还是把一部分自我投入了您的作品，不过为什么您觉得必须在《克罗蒂娜走了》中引用露西·德拉鲁-马德鲁斯的一首诗[1]呢？

因为当时我刚刚收到这首诗。它还没有正式发表，对我触动很大。而且引用这首诗也让她很开心。

一次美好的相遇

您认识露西·德拉鲁-马德鲁斯女士吗？我想是因为对

1　指《为了猫》。

猫咪相同的爱让你们相聚吧？

我现在还在抱怨对她的了解不够。她是一个很有魅力的人。我喜欢她。她对我挺严格的，会为我修改法语错误。她很开心，我也是。

您见过她的猫吗？

她的猫？我当然见过。它叫……卡特勒。黑白相间，眼睛很美。

您写道："克罗蒂娜为德彪西疯狂。"这是否也符合您发现这位作曲家时的心情呢？

我有幸经常在音乐会和作曲家圈子里见到德彪西。我很幸福，也很骄傲！

在谈论您的女主人公时，您写道："三人中没有一个是我想要成为的样子……请保佑我，不要让我变得像她们。"这几乎是一种价值判断。不过，您这本书正好暗合于您的一次人生转折。我们是不是可以把这段文字理解为您的一种自我反思？

我不这么认为。不要轻信任何臆测。感谢上帝！我感觉，从那以后，自己变得更加宽容了。

宽容！的确，因为您当时写道："我们不会跟一个自己不爱的男人待在一起。"

我真希望可以这样，但要怎么做呢[1]？

希望？但您还写过："当我们以某种方式去爱时，背叛本身并不重要。"

我的孩子，这句话闻起来有陈词滥调的味道。

您为什么要让波莱尔重新出现？

那一刻，波莱尔——那个甜美迷人的波莱尔——因为

---

[1] 在《我的学习生涯》中，柯莱特有过这样一段倾诉，涉及一段与本书重合的人生时期："由村姑的命运转换到从 1894 年开始经历的生活，这是一种极大的冒险，如果它不能使一个二十岁的孩子陶醉，就足以使她绝望吧？我那可怕而不纯洁的青春期冲动由微醺—— 一种罪恶的微醺开始。有许多女孩，她们刚到婚龄，便梦想着成为一个成熟男人的奇观、玩物、放荡的杰作。这是一种丑陋的欲望，她们一边克制，一边为此而受苦，这种欲望与青春期的神经衰弱、啃粉笔、咬木炭、喝牙膏、读圣贤书、在手掌上扎针的习惯相伴而生。所以我很早就受到了严重的惩罚。"——原注

登上舞台，而成为好奇心的对象，成为一个难以忘怀的迷恋对象。然而真正的波莱尔依旧是个陌生人，可以说是个未知数，我毫不犹豫地，在机会来临时，略带反讽地谈论了她。

"我逃离"

今天您对《克罗蒂娜走了》有什么看法？

为了这部作品，也为了我对于自身的想法，还是什么都不说的好。

在翻阅您的草稿时，我注意到，在您的笔记本首页上，您曾注明了另一个标题：《克罗蒂娜逃离或我逃离》。在您心目中，这个题目的含义是什么？

我想我之所以把它改掉了，是为了不至于产生混淆，也是为了不让别人把这本书当成一本自传。

您不觉得《克罗蒂娜走了》的风格预示了另一个柯莱特的出现吗？

我不能对你这么说，因为，为了诚实起见，我必须强迫自己把这本小说再读一遍，而我必须向你承认，我感觉自己既没有勇气也没有欲望这样做。

这里有一段话，在我看来不属于早期柯莱特，却已经宣告了另一个柯莱特的到来："在我面前的，是混乱的未来。但愿我对明天一无所知，但愿没有任何不祥的预兆给我警告……我既期盼又害怕那些全都是新鲜事物的国家，那些仅凭名字就使你退缩的城市，还有那些远方的天空，在其下你的灵魂被异域之魂取代……难道对于像我这样的渺小造物来说，在整片大地上都找不到一个近乎天堂的地方吗？"

这些话不是我让安妮[1]说出来的吗？不是吗？对啊，这不是克罗蒂娜说的，而是某个安妮。

明妮

1904 年，您写出了《明妮》。1905 年，《明妮的浪荡》。1909 年，您以"淳朴的放荡者"为题把它们集结了起来。

1　安妮是《克罗蒂娜走了》一书中的主要女性角色。以上引文是安妮在小说中的一段自白。

您最开始对《明妮》的小说构想是什么？

　　我当时有一个关于短篇小说的想法，五十多页。就是这样。

　　维利先生在《明妮》的加工过程中扮演了什么角色？

　　他绘声绘色地对我说："我至少需要一百五十页。"

　　然后您就开工了？

　　你想让我说什么？

　　您可以拒绝。

　　啊！很明显，你没嫁给过维利先生。

　　他给过您什么有效的帮助吗？我们能否认为，他制造了《明妮》中的一些人物并且对一些故事情景给出了指点？

　　喔！不。他当时很信任我，我可以想怎么写就怎么写。

在目前的版本中，您删掉了一些段落。这是不是与您拒绝承认书中有几页不是您写的态度不符？

我觉得那几页写得还不够好。

在明妮的诸多梦境中，其中之一不正是借用了当时的一则新闻吗？女主角"头戴铜盔"，她不就是在 1902 年前后引起公众纷纷议论的那位"金盔"[1]吗？

也许吧。何必纠结于此呢？

这是为了尝试确定您书写小说、人物及环境的具体方法，看您如何融合现实与虚构。明妮的梦取材于真实事件，了解这一点至关重要。您本来可以直接编造，但您更愿意从报纸上汲取灵感。

我想就是你说的那样吧。

您为什么又一次制造出莫吉的形象和他糟糕的名声呢？

---

[1] 1902 年，法国报纸连续报道了妓女艾米丽·艾丽与黑帮头目曼达及莱卡之间的三角恋，轰动一时，其中艾丽的外号就叫作"金盔"。

这属于我们发明的某个系统的一部分，该系统满足了维利先生的受虐癖。他喜欢赞美，也喜欢批评。这是一种美好的性情！

您也刻画了一个在卸下防备并主动献身的明妮面前温柔敏感的莫吉。是维利先生要求您这样大公无私地"戏说"他吗？

究竟应该说是大公无私还是卸下防备呢？如果你不介意的话，我们就不解释这一点了。

马尚，法兰西学院院士，《东方的幽灵》与《醒悟》的作者，《明妮》中的人物，"淳朴的放荡者"，他在现实中是什么人？

你会对我的回答满意的。这大约可以追溯到维利先生快跟皮埃尔·洛蒂[1]闹翻的时候。

---

1 皮埃尔·洛蒂（Pierre Loti, 1850—1923）：法国作家。1891 年当选法兰西学院院士。曾在远东地区游历，写过许多关于中国和日本的文学作品，并在 1906 年出版《幻灭》。《东方的幽灵》与《醒悟》是对其作品名称的戏仿。

当您借明妮之口说道："我所寻找的，是爱，无论哪种爱，和所有人一样的爱，但却是真正的爱。"您难道不是或多或少在为自己说话吗？

文学！那时候，我只是一个竭尽全力在纸上创作的小女人，在那个人生阶段，我根本不处于热恋之中！

明妮逛过很多巴黎的茶室和画廊，还有镜宫。在这其中您没有混入一些个人记忆吗？

总而言之，这并不对应于某种我不大喜欢的茶点。不过，我确实记得在阿让特伊街和金字塔街的拐角处，曾经有过一家糕点店，我希望它依然存在：大厅略显昏暗，但挺温馨的。可以说，那里几乎空无一人。我在那儿感觉很好，边上还有一位精神矍铄的老太太。我们躲在阴影里，可以说是孤独的，我们很贪吃……

这是您每天笔耕不辍后的消遣！

我的监禁生活只发生在乡下。为了工作我不得不变得有点封闭，因为要挨近在咫尺。我只要打开房门，走入田野，就几乎不可能被找到或被控制。

"它将被签上我的大名！"

第一部以您的名字发表的小说，出版时间是 1907 年。写《情感退隐》[1] 时，您和维利先生之间的关系和处境如何？

这明显是最冒头的问题。

我想，您的回答如果确切，对诠释这本书中的氛围相当重要。

我的处境？我想，如果我把它称为夫妻关系，就太不符合现实了。

这是否意味着，您已经做好了和维利先生最终分开的决定呢？

---

1 《情感退隐》是《克罗蒂娜》系列的最后一部作品，出版于 1907 年。与前四部封面作者署名 "维利" 不同，这本小说首次署名为 "柯莱特"。在本作中，克罗蒂娜二十八岁了，她回到乡村，去已经离婚的朋友安妮的宅邸中暂住，等待五十岁的丈夫雷诺从疗养院回来，在此期间，她发现安妮与温和的外表不同，其实深谙肉体之乐。雷诺的儿子，也就是克罗蒂娜的与她同龄的继子马塞尔也来到了这里。最终克罗蒂娜学会如何在没有雷诺的情况下独自生活，热爱自然，热爱动物，热爱孤独。小说对整个系列中出现过的各类情感历险进行了总结。

我无法告诉你所谓最终分开的确切日期[1]。

这本书是您自己决定写的，还是像之前的作品一样，是别人订制的？

"订制"二字倒是没有超出真相范畴，但我不想多说。

那会儿，您有没有发觉自己喜欢上了作家这个职业呢？

没有。对于写作这个行业，我当时不大感兴趣。

但您署名了！

我之所以署名，只是因为我单枪匹马地大力捍卫和要求我的署名权。

这个回答值得进一步解释。

就是说："我想在这本书上署名。我想署名。我要署名。它将被签上我的大名！"

1　柯莱特与维利从 1906 年开始分居，1910 年正式离婚。

也就是说，您重视这本书，您将其视为一部个人作品，一部柯莱特的作品吗？

柯莱特的作品？你知道，我那时还不太清楚这到底意味着什么。但我提出署名的要求，可能是为了这本薄薄的小说中的风景描写。

维利先生有没有以某种方式帮助您写下这本书，进行修改并提出一贯的要求呢？

这份手稿恰好是保存下来的手稿之一，从中我看不出太多他的痕迹。

当时您的经济状况如何？

几乎一贫如洗！我从来没有任何个人资产。并不是通过私下的秘密工作，我就能见到一分钱的影子的。必须活下去。但我当时一无所有。

这也是您不得不写这本书并捍卫自己署名权的原因之一吗？

这并不是我写这本书的原因，不过，为了这个原因，我捍卫署名权。

您在哪里写的《情感退隐》？

有一部分是在书中提到的地方，在弗朗什-孔泰[1]，在当地一个风景迷人的地方。

让我们来回忆一下吧！

我的上帝，那里曾是一片绿洲——这个词毫不夸张。那是一个可以追溯到督政府时期[2]的小庄园，占地几公顷，长期以来疏于管理，这让它变得更美了。

这地方归您所有吗？

我一度以为它归我所有，但在它被收回时，我才被迫意识到，从法律角度它在任何时候都不是我的。

1　弗朗什-孔泰大区位于法国东部，毗邻瑞士，风景秀丽。

2　督政府时期是法国大革命期间的一个阶段，从 1795 年到 1799 年。

它是在什么情况下，被谁从您身边收回的？

维利先生，他是唯一"能够"这么做的人，从这个词的全部意义上来说[1]！

您是本着什么精神来构思《情感退隐》的？

我尽量避免回忆这件事！

这本书里有真实人物吗？

我没有看到任何真实人物。你看到了吗？

---

1 在《我的学习生涯》中，柯莱特提到了小说中被克罗蒂娜称作"卡萨梅内"的地方。"只要我稍稍回想，布琼山庄就会陡然立起它近乎黝黑的瓦片屋顶，它被涂成淡黄色的督政府三角楣——可从查理十世时才有，还有它的树丛，它那于贝尔·罗贝尔风格的石拱门。房舍、小农场、周围的五六亩地，维利先生似乎都送给了我：'这些都属于您。'三年后，他又从我这里把它夺走了。'它不再属于您了，它现在属于我。'从六月到十一月，连续三四年，我在庄园里品尝了牧羊人一般的孤独。受监控的孤独，这毋庸多言，维利先生亲自来看望我。但是，背着他时，我又觉得重新变得好了些，也就是说能够自力更生、有规律地生活了，好像我已经知道，规则可以治愈一切……在我写《情感退隐》的时候，写到安妮（一个爱很多男人的年轻女人）和马塞尔（一个根本不爱女人的男人）的小小冒险，我正在培养一些与文学无关的力量。但如果我绷得太紧，它们就会屈服。我还没有达到想要逃离婚姻和家庭的地步，也没有想要逃离比家庭更婚姻化的工作。但我正在改变。速度慢也没关系！一切在于改变。我隐隐约约地觉察到对自己的一种责任，那就是写出'克罗蒂娜'系列以外的东西。而且，我一滴一滴地渗出《动物对话录》，在那里，我给自己带来了快乐，不去谈论爱情，虽然不生动，但令人尊敬。"——原注

通过描写这些情境，《情感退隐》不正表现了您当时作为女性的敏感状态吗？

也许吧。太遥远了！

遥远的情境，这一点毫无疑问，不过在那其中已经可以发现柯莱特的部分特征。为了证明这点，我想引用一些选段，揭示一个更复杂的柯莱特，她写道："生活是一座花园，在这里，人们可以采摘一切，吞吃一切，抛下一切，拿回一切。"您将会回答我说这依旧是文学，但我相信，这种对于生命的贪婪，表达了您自己的另一个重要部分吧？

一种非常适度的贪婪，如果我不去管它，它也能满足于在一个极其简陋的乡村，在"布琼山庄"[1]里，尽可能长久地生活几个月。

另一个柯莱特，带着她对动物和植物的热爱，起飞了。您写道："我现在知道如何更好地做出选择，我希望，植物和毫无戒心的动物都在我周围自由自在地生活。"您还花了很多篇幅来描写动物的生活。您还记得您当时熟悉的那些动物吗？

1　布琼山庄就是上文提到的柯莱特在弗朗什-孔泰地区居住过的庄园，位于贝桑松。

我很少忘记它们。它们不应该被抛弃。你想知道些什么?

　　如果您还记得,一只蟾蜍在傍晚时分欢唱,"带着充满爱意的嗓音,珠圆玉润。黄昏时分,它会猎捕最后一只飞蝇,猎捕那些躺在石头缝里的小蠕虫。它既恭敬又安心,不时看我一眼,然后用一只人类的手掌靠在墙上,站立起来咬住猎物……我可以听到它那张宽大的嘴发出'么'的一声……当它休息时,眼皮的移动是那样忧郁和傲慢,以至于我不敢和它说话……"

　　是的,一只巨大的蟾蜍。它经常唱歌。我会挠它的头。蟾蜍喜欢人们挠它的头。这个细节很关键,但经常被人忽略。

　　您还提到过一只刺猬。

　　是的,一只刺猬。我还养了它一段时间,它有一个圆满的结局。它死于消化不良,吃了太多冷羊腿。

　　您是否也记得那只轻如精灵的松鼠呢?

　　松鼠?它们数量很多。它们经常来看我们吃东西,它们也像世界上所有的松鼠一样,要求得到属于它们的那份食物。

您当时正在经历一段幽闭而且也许颇为不幸的生活，这种对自然世界的冲动，不正是对这种生活的一种反抗吗？

我一直喜爱动物和乡村。你要知道，我的不幸不能解释一切[1]！

幽居

您能简单地和我们说说您这一时期的工作方式吗？

我当时工作起来就像现在一样，除了有点……幽居之外——"监禁"一词可能会超出我的想法，尤其是超出了我个人的严谨[2]。我有一支钢笔，我最早使用的钢笔之一，我坐在桌前写作，等待工作结束，好为娱乐腾出时间。

您有没有规定产量，就像您小说中的莱昂一样，每天创作六十行或者八十行字？

1　克罗蒂娜倾诉道："在油菜花上，一只天蛾颤动着，定在原地，通过它展开的吻管固定在花朵上，像一块无比精巧的黄铜。它疯狂地颤动着，仿佛是透明的，是它自己的影子……眼看时间不早了，我会忍不住抓住它，把它触电般的飞行扣在手心，远离灯火，只为观察它磷光闪闪的眼睛……现在，我知道要更好地珍惜我身边的植物，还有那些毫无戒心的动物，我想让它们的生命自由……"——原注

2　上文中，柯莱特曾使用过"监禁"一词："我的监禁生活只发生在乡下……"

即使是在追溯过往，也请不要把我的工作说得那么惨。不，我没有纠结于这一点，起码不是每天，当我无法工作时，我会对自己说"我累了"，然后去做点别的事情，比如木工或园艺之类的。

您那些著名的横格学生笔记本还一直保留着吗？

是的，我抢救出来几本，之后我还有其他的。我想要那种漂亮的美国纸，很光亮，纸浆里掺着蓝色的条纹。

您曾经把安妮·布罗丹与欧也妮·葛朗台[1]相比较。为什么突然赞美巴尔扎克呢？

我无法用正确的方式和你谈论巴尔扎克。我出生在巴尔扎克的世界里。从六岁起，我就开始阅读巴尔扎克；同样，九岁时，我便爱上了梅里美[2]的《查理九世时代轶事》。所以我无法

---

1 在《情感退隐》中，柯莱特曾将女主人公安妮与巴尔扎克笔下的人物进行对比："在这片橙红色的花园中，她仿佛一个囚犯。她靠窗坐着，主动做着刺绣，既无用又无声。是欧也妮·葛朗台或者菲罗曼·德·沃特维尔吗？"其中，欧也妮·葛朗台是巴尔扎克的著名小说《欧也妮·葛朗台》中的女主人公。菲罗曼·德·沃特维尔是巴尔扎克另一部小说《阿尔伯特·萨瓦鲁斯》中的女主人公，菲罗曼是巴尔扎克在草稿中最开始使用的名字，成书中改成了"罗萨莉"。

2 普罗斯佩·梅里美（Prosper Mérimée，1803—1870）：法国著名作家。《查理九世时代轶事》是梅里美的长篇历史小说，发表于1829年，描写了16世纪宗教战争期间的残酷历史。

和你谈论巴尔扎克。我太早爱上他了。我生命中的每时每刻都"住"在他的世界里。他现在依然留在我床头，你可以看到。

如何衡量你喜爱的一件作品或者一位人物对你的影响？也许这位守护神是危险的？但我不知道如何跟你清晰地谈论这一点。

您一直对巴尔扎克怀着这份伟大的爱吗？

并不总是如此，当我对一份伟大的爱心存疑虑时，我以为我恨他，但无论如何，我经常接触他。

还有哪些经典作家让您像对巴尔扎克一样喜欢呢？

答案会让你失望的。我不知道你所谓的"经典"是什么！这问题对我而言太尴尬了。孩提时代我很喜欢阿尔丰斯·都德[1]，是的，我确定，我毫不迟疑地承认自己曾经很喜欢他。

您为什么在《情感退隐》中重新引入了《克罗蒂娜在巴黎》里的"糖表哥"马塞尔[2]，这个鸡奸者？

1　阿尔丰斯·都德（Alphonse Daudet，1840—1897）：法国著名作家。

2　马塞尔是《情感退隐》中的主要男性角色，安妮对他颇有好感。

被你直截了当地称为"鸡奸者"的那个人，是我的一群同伴中的一个，他们大多很聪明，衣着靓丽，而且他们的个性——特别是对于一位年轻女士来说，出于个人原因，她对大多数男性往往很凶悍——令人愉快和放心。对，用你的话说，我有不少同伴都是"鸡奸者"。

难道不是因为他顺应了某种"风尚"吗？您不是也曾屈服于某种肤浅的诱惑吗？

是有一点点，然后我又受到了某人的鼓励，你知道是谁[1]。

我想知道您为什么要把克罗蒂娜的丈夫雷诺写死？

我从来都无法面对他，从来都无法长时间忍受他。他空洞，虚无，自负。不，我不后悔把他写死。我把他弄死，不是带着快感，而是冷漠。我从不惋惜。希望我的读者也不要惋惜[2]。

1　即柯莱特的丈夫维利先生，他鼓励柯莱特在"克罗蒂娜"系列中描写同性恋主题。

2　后来，柯莱特在《晚星》中对雷诺的死做出了解释："克罗蒂娜嫁给的那个雷诺，他是一个不坚定的人。这位成熟的诱惑者，出自一个年轻女人的想象，年轻到相信成熟的诱惑者，我没有更早把他创造出来，因为我厌恶他，只要给我机会，我就会杀了他。他的死留给我的印象，是完结了一种文学上的青春期，完结一种被引诱者挂在嘴边的乐趣。"——原注安妮的冒险——我不敢说是情感冒险——对应了什么？

好在你没有用"情感"这个说法……什么都不对应；对应
一种创作的责任。但愿这会让它成为一个两百多页的小整体。

第一部哑剧

在她充满爱意的倾诉中，安妮把我们引入了戏剧的世
界。[1] 您当时对这一领域了解多少？

并没有超出我从弗朗西斯·德·克罗瓦塞[2]的一部哑剧
中获得的经验，那部哑剧的名字叫《欲望、幻想与爱情》。
当时正在管理米歇尔剧院的乔尔吉特·勒布朗[3]有一天来见
我，她对我说："我的演出很短。你不想加演一段小哑剧
锦上添花吗？"我用同样自然的语气回答："如果你愿意的
话。"于是，弗朗西斯·德·克罗瓦塞的音乐和脚本在不到

1　在《情感退隐》中，柯莱特描写了女主人公安妮在舞台上表演哑剧的经历。

2　弗朗西斯·德·克罗瓦塞（Francis de Croisset, 1877—1937）：法国剧作家。
　　1906年，根据其长诗改编的哑剧《欲望、幻想与爱情》在巴黎马图兰剧院首
　　演，柯莱特在其中出演了一个羊神角色。在访谈中，柯莱特的记忆有所偏差，
　　将剧作家的名字记成了"弗朗索瓦·德·克罗瓦塞"，将哑剧的名字记成了
　　《上帝、爱情与幻想》。在翻译中直接进行了更正。

3　乔尔吉特·勒布朗（Georgette Leblanc, 1869—1941）：法国女戏剧演员，柯莱
　　特的好友。

一周的时间里就准备好了[1]。

歌手鲁西诺尔[2]这个角色的现实原型是什么？

没有任何现实原型。我从未见过他，我把一些现实搬到了小说里，但我错了，我的一位年轻女性朋友因此产生了特殊的烦恼，只要她一谈起鲁西诺尔就会泪流满面，可怜的人，她只是在宣泄她自身的失意情绪，很是平庸。

美丽的苏西，雷诺的调情对象，她的现实原型是什么？

没有任何现实原型。真的，她可能长得像某个人，一个死于青铜病[3]的漂亮年轻女人。我从未在现实中见过这种

1　在小说中，安妮被帕图兰剧院（即现实中的马图兰剧院）雇用，参演一部名为《上帝、幻景与力量》的哑剧，与柯莱特的生活处境存在着几乎不加掩饰的相似关系，后者曾在马图兰剧院演绎过取自弗朗西斯·德·克罗瓦塞长诗的哑剧《欲望、幻想与爱情》。在小说中，她让安妮说："……一切进展顺利，直到我和维莱特·科利（对柯莱特·维利这个名称的变形）扮演的羊神一起合作的重要场次。这个疯子每天晚上都在巧妙地给我们的双人演出变形，我在期待中战栗。有一天，她像抓包裹一样紧握我的腰部，把我搂在怀里，我的贴身长裙和红发被拖成了得意扬扬的尾巴……还有一次，在我们接吻时——那个她带着无动于衷的热情给予我的'吻'，那个引起公愤的'吻'——她把手伸到我的胳膊下面，挑逗我，让我难以抗拒……"——原注

2　鲁西诺尔是小说中的一位著名歌唱家，善于演唱瓦格纳的作品。

3　青铜病即爱迪生氏病，全名为原发性肾上腺机能不全，是一种慢性内分泌疾病，患者身体某些部分的颜色会在得病期间变暗，因此曾被称为"青铜病"。

155

疾病的痕迹。但疾病的名称，以及从这个名称联想到的色彩，出乎意料地引起了我对这件事情的重新思考。

您注意到您的一些说法之间存在矛盾吗？一开始您说您的人物没有现实原型，而当我稍做坚持，您就禁不住承认他们可能存在。

我想这只能证明，我既幸运又诚实地忘记了很多事。

您是否还记得一次美好而"自私"的海上美丽岛[1]之旅呢？

是的，棒极了。我去那儿是为了给自己治病，但我很庆幸自己得了病，尤其庆幸自己为了治病认识了这座神奇的岛屿，它不仅使我恢复了健康，还在我心中唤起了许多赞叹之情[2]。

您还提到了阿盖[3]，圣拉斐尔旁边的一个小港口。

1　海上美丽岛位于布列塔尼西部外海，风景秀丽，通常被简称为"美丽岛"。

2　在《情感退隐》中克罗蒂娜这样回忆"美丽岛"："……黄纸，没洗好的小照片，卷成管状，散发焦味……很难在上面找出八年前雷诺和我在美丽岛的那场美好而自私的旅行中走过的捷径……"——原注

3　阿盖位于法国南部的蔚蓝海岸，如今隶属于圣拉斐尔市。

波莱尔在当地有一座庄园，被她命名为"克罗蒂娜"。她一直催我去看看，不巧我一直没去，我还没来得及参观"克罗蒂娜"庄园，波莱尔便去世了。

谎言作为一种职责

为什么在描写克罗蒂娜时，您把她在小说中的处境描述成了您的反面，"我出生时便独自一人，成长时没有母亲或兄弟姐妹，在一个爱闹事的父亲身边，差点要由我来监护他，我的生活中没有朋友。但不正是这种精神上的孤立在我身上重建出这样一种悲喜恰到好处的精神状态，几乎没有什么可点燃它，也没有什么可以将它熄灭，不善不恶，总之不擅交际，相比人类，更亲近动物"？

确实完全相反。这证明，我早已明智地认定，说谎是小说家的首要职责之一。

当时，您身边是否环绕着那些您曾经提及的东西呢？比如小狗托比、小猫佩罗内尔？

是的，我拥有过，又失去了，因为它们没我们活得时间长。

您能回忆一下佩罗内尔吗？

谈到猫我可以一直聊下去。佩罗内尔是一只美丽的生灵。我在弗朗什-孔泰捡到的它，当时它快饿死了，之后我把它打扮得漂漂亮亮。它很聪明。当时我不得不把它托付给我母亲照顾，因为我正沉迷于一项美好的事业：表演哑剧，有时候也在外省的剧场演戏。那只猫很喜欢我母亲，我母亲也很喜欢它。有一次，在巡演过程中，我回了一趟母亲家，见到了这只快一年没见的猫。佩罗内尔认出了我，而且不幸地充满热情地重新接纳了我——无比忠诚。当时，她刚刚生了一只小猫，才七八天，还没睁眼。第二天，因为巡演的缘故我必须动身。过了一阵子，我收到了一封母亲的信，对我说她很遗憾。在我离开后，尽管下了一场厚厚的大雪，佩罗内尔依然带着她的幼崽到处找我，大概走了很远。然而她找不到我，不得不让她的幼崽冻死了，这在母猫中很罕见。佩罗内尔绝望地回家了，不过她还是同意继续生活下去……相比于她的幼崽，她更喜欢我！幸好，这样的事情我这辈子没见过第二次，我的猫咪们也没见过第二次！

您能不能为我解释一下这个观点，"爱慕那些欺骗你的人，这样做是有快感的，他们把谎言穿在身上，仿佛穿着一件装饰华美的衣服，而他们把谎言赶走，只是出于对赤裸的淫乐欲望"？

我求你了，宽恕我这次"文艺气息"的复发吧。

您为什么在这篇小说中再次让莫吉现身，并且描述他患上了精神错乱，成了"一个酗酒的胖子"，并得出结论，"他是一个正派人，如果想要这么说的话"？

也许我确实写过"正派人"这几个字，但我要对你指出的是，我在逗号后面加了"如果想要这么说的话"。

今天，您对《情感退隐》有什么看法？

你想知道真相吗？在你所谓的那些"我的作品"中，有一些书，我自己都感到有些自怨自艾。有时面对一页纸，我会告诉自己："不，我应该更坚决地抵抗。我不应该这么写。"

1910 年，您出版了《流浪女伶》，这本书让人们看到了您人生的新篇章：对歌舞剧场的发现。

之前我已经演过一场哑剧，时长……至少一刻钟。

您是在什么情况下登上歌舞剧场的舞台的？

事情很简单，讲起来很快。我在布列塔尼的罗兹文[1]时，收到了老朋友保罗·弗兰克[2]的一封电报，他是一位艺术家，当时负责经营奥林匹亚歌舞剧场。他的电报写道："您想跟我一起出演《流浪者》吗？这是一部哑剧，将在奥林匹亚演出一个月。"我说好。仅此而已。[3]

您后来还演过什么吗？

还有其他哑剧。我和乔治·瓦格[4]一起出演了《非洲蝙蝠》《埃及之梦》和《肉体》，以及其他两三部在多家歌舞剧场上演的哑剧。

---

1 罗兹文位于布列塔尼北部，柯莱特与维利离婚后，与米茜小姐发生了同性关系，二人决定在布列塔尼购买一个庄园共同居住，最终选定了罗兹文。1910年买入，1924年卖出。其间，柯莱特每年夏天都会去罗兹文度假。

2 保罗·弗兰克（Paul Franck，1870—1947）：法国剧作家、导演。1906年，奥林匹亚歌舞剧场上演了保罗·弗兰克的哑剧《流浪者》，柯莱特在其中出演女流浪者的角色。之后，柯莱特还和她的女友女扮男装的米茜小姐共同出演过这出哑剧。

3 在《我的学习生涯》中，柯莱特曾吐露："'如果你喜欢在真正的剧院里表演，我还有另一出散文写成的戏，'维利先生不久后告诉我，'另一方面，这也是一个很好的机会，摆脱这间乏味的公寓，以更合适的办法找到一种不同的生存方式——喔，略有不同的……不着急。'不会错的，我从中听出了要'中止合同'。当我梦见逃离的时候，在我旁边，有人正打算轻松简便地把我一脚踢到门外去，踢到我家门外去吗？但这一次，那人已经不需要我的顺从了。"——原注

4 在他导演的哑剧《肉体》中，柯莱特的着装极少，袒胸露乳，在当时引起了公愤，被认为有伤风化。

在歌舞剧场的观众眼中，您究竟有多成功？

一种非常可观的成功。我用令人满意的方式完成我的短剧。我向我的导师和同伴乔治·瓦格致敬。我认为，任何人，包括我自己在内，都没有任何理由对我感到不满。我是剧团的明星。我急于这么说，因为很多时候人们都快忘了。

我们能从您的书中认出某些真人吗？例如那个穴居人[1]？

那是个迷人的同伴。

那布拉格是谁呢？

是乔治·瓦格，在各方面都进行了一些歪曲。

被您命名为阿道夫·塔兰迪[2]的人物角色是维利先生吗？

有一点。但不是全部。这幅肖像并不比其他肖像更准确。

---

1 穴居人是《流浪女伶》中女主角与布拉格合作出演的一出哑剧中的角色，由布拉格的学生、一位年轻演员扮演。

2 阿道夫·塔兰迪是《流浪女伶》一书中女主角的前夫。

但他更凶恶。

更凶恶！我接受这个词[1]。

被您命名为玛戈[2]的那个人物角色呢？

我有一个老朋友，她和我的女主人公一样，知道如何照顾小狗。但请你不要去寻找一个忠于现实的原型。

我希望他们喜欢我

您对您在歌舞剧场的伙伴们有什么记忆吗？

他们是一群妙人，纯真、正直，往往很天真。我很怀

1　在《流浪女伶》中，柯莱特写道："我的前夫？你们都认识他。是阿道夫·塔兰迪，那个粉彩画家。二十年来，他一直在绘制同样的女性肖像……我不认为阿道夫·塔兰迪有什么才华……塔兰迪有很多分身，我永远也不会认识；更不用说他最可怕的那一面，商人塔兰迪，钱贩子塔兰迪，玩世不恭、蛮横无理、庸俗乏味，根据生意的需要东躲西藏。这些分身里，真正的塔兰迪在哪儿？我谦虚地声明，我不知道。我相信没有真正的塔兰迪……这个巴尔扎克式的人物，谎言天才，突然有一天不再让我绝望，甚至令我好奇。对我来说，他曾经是可怕的马基雅维利……也许不过是弗雷戈里而已。""我的上帝，我曾经多么年轻，我曾经多么爱慕那个男人！我又受了多少苦！……无人理解我们的分手。但他们之前是否了解过我的忍耐，了解过我长久、懦弱、彻底的纵容？""我们离婚时，我就差为了原谅'俊美的塔兰迪'而担下所有责任了，好像他只是错在被人喜欢和背叛一样。"——原注

2　玛戈是《流浪女伶》一书中女主角前夫的妹妹，一个独居女子。

念他们。他们是一群淳朴的人，我很喜欢他们。我希望他们也有点儿喜欢我[1]。

被您命名为卡瓦隆[2]的人物角色是谁？

他认出了自己。是莫里斯·舍瓦利耶[3]！二十一岁的他曾是阴郁的——和他现在一样迷人——但感谢上帝，他收获了一种乐观的态度，一种坚实的力量，一道照耀他整个人生的阳光。但愿这是因为他得到了他当时缺少的爱情吧。

我想他当时对您怀有一种惺惺相惜的感觉吧？

我希望如此。此后，我只嗔怪他从未向我表露心意。

---

1 柯莱特在《流浪女伶》中写道："他们对自己的私生活保持沉默，就像以一种礼貌的方式告诉你，'剩下的与你无关'。摘下那副表演的面具，戴上围巾和帽子，他们互相告别，让我感觉半是骄傲半是谨慎地迅速消失于人海。歌舞剧场的艺术家们……他们不为人知，为人诟病，也很少被人理解！他们沉迷幻想，自命不凡，充满对艺术的荒谬过时的信仰，只有他们，这些姗姗来迟者，仍然敢于用一种神圣的狂热宣布：'一个艺术家不应该……一个艺术家不接受……一个艺术家不同意……'"——原注

2 卡瓦隆是《流浪女伶》一书中的一个过场角色，喜剧歌手。

3 莫里斯·舍瓦利耶（Maurice Chevalier，1888—1972）：法国著名演员。1909年，在一次巡演中与柯莱特结识，后来发现自己以"卡瓦隆"为名被柯莱特写入了《流浪女伶》之中。

在歌舞剧场之外，您用几行字给我们讲了一个故事，后来衍生出一篇伟大的短篇小说，题目叫作《军帽》[1]。事件的起因是什么？

小说家的首要职责，就是对现实加以变形，哪怕是写短篇小说……我遵从了一种自认为可敬的情感，掩盖了这则新闻的"真相"，因为，我笔下的女主人公，那个迷人的女人自杀了，但剩下的一切都是真实的。[2]

您觉得歌舞剧场的观众怎么样？

我想，歌舞剧场的观众一定没有多大变化。但愿对于他们、对于歌舞剧场的艺术家们都能如此。

您赤身裸体或衣不蔽体地现身舞台，这一事件本身没

1　《军帽》是柯莱特 1943 年发表的一篇短篇小说。

2　柯莱特在《流浪女伶》中写道："……理解我吧！我的爱人，毁掉我的不是猜疑，不是你未来的背叛，而是我生命的衰颓。我们是同龄人，我不再是一个年轻的女人了……你明白吗？你的狂热，将会说服我，让我放心，但它难道不会使我坠入那些被爱女人愚蠢的安全感中吗？在短暂而危险的几分钟内，一个做作的天真少女的形象重生了，成为一个完美的情人，沉迷于少女游戏中，这使她沉重而可口的肉体颤抖。我在一位四十多岁的女友的无意识面前感到震颤，她戴着她的情人——轻骑兵中尉的军帽，衣不蔽体，因爱而气喘吁吁……"——原注

有给您带来困扰吗?

我从未全裸出演过,不过我表演时可能会穿得很少。为什么要羞愧呢?我的身材很好,我从没进行过任何不道德的表演——我的意思是对我而言不道德,而非对公众而言不道德。我没有那种情结。我自我感觉非常好。我有很多好同伴。我的生活格外守时和规律。[1]

您在歌舞剧场的经历是否充实了您的作家职业呢?

我讲述了自己经历过的事情,经历时并没有什么不愉快,讲述时也没有什么不愉快。

您有没有遇到过某种人或者某种处境,让您学到了很多东西?

学会一点儿东西的时候,我就很开心了!

---

1 柯莱特在《流浪女伶》中写道:"孤独……自由……我作为哑剧演员和舞蹈演员愉快而辛苦的工作……幸福而疲惫的肌肉,从别的担忧中松懈下来而进入全新的对饭食、衣裙、房租的担忧——这些很快就都成了我的一部分——还有粗暴的不信任,对环境的厌恶,我生活其中,忍受其苦,还有对人的恐惧,颇为愚蠢,既包括男人也包括女人……还有一种很快就传到我身上的奇怪感觉,感觉自己离群索居,被我的同类保护起来,只有在舞台上,火的屏障才能让我抵御一切……"——原注

您是什么时候离开歌舞剧场的？

在我加入六年后。我离开歌舞剧场的理由很充分。我想那是在 1911 年。当时我怀孕了。这是那段时间的另一件大事。当时，我被人叫去做新闻工作，加入过诸如《闪电报》《卓越报》《晨报》等报社；之后，我在《巴黎生活》杂志工作了一段时间……然后……在歌舞剧场那几年里，我每天都会收到一封来自母亲的信，语气非常温和，她总是提醒我不要着凉，要照顾好自己的身体，舞台上可能有很多气流。她不知疲倦地跟我宣讲这些，我也不知疲倦地阅读她开给我的药方。后来，一件可怕的事给我带来了巨大的打击：我的母亲去世了。

我想是在您女儿出生前不久吧？

是的，母亲的过世让我痛不欲生。起初，我不完全确定自己到底有没有怀上孩子。为了不让妈妈失望，我一直没告诉她。她可能到死都不知道。可是，我相信这一定会让她很开心。她在来信中总是对我进行同样的指责，而且见了我就说："你甚至连生孩子都不行！"……是的，她并不知道。我认为她后来发现了。

您是不是一离开歌舞剧场就结婚[1]了？

不是。再婚时，我还在歌舞剧场，在罗什舒阿尔[2]进行《夜鸟》[3]的演出。[4]

这个孩子的诞生怎样拓宽了您的世界呢？

我很想让你去看看《我的学习生涯》……

1　1912年，柯莱特二婚嫁给了亨利·德·朱弗内尔，1913年生下女儿柯莱特·德·朱弗内尔（Colette de Jouvenel，1913—1981）。

2　罗什舒阿尔是法国中部城市，《夜鸟》的首演地点。

3　《夜鸟》是乔治·瓦格创作的一出哑剧，1911年年底到1912年进行了巡演，柯莱特参演。

4　和这一时期的其他小说一样，《流浪女伶》同样允许我们在人物的心理变化与作者生活中的某些事件之间建立联系。比如，我们可以读到以下节选："当降临在你身上的爱情发现你是如此疯狂和勇敢时，你也束手无策！这一刻你不会犹豫它是不是爱。你不会认错：就是它，是爱情，是最初的爱。是它，但也不再是它了。你小女孩般的简单心性使你毫不犹豫地认出它来，不会为你的身体或你幼稚的心灵讨价还价。是它，它从不自我宣告，不是我们选择了它，我们也不谈论它。却再也不会是它了！它拿走了你只能给予一次的东西：信任，第一次爱抚时虔诚的惊愕，你眼泪中的新意，初痛的花朵。如果你可以的话，去爱吧：也许你将被给予爱，以便在你可怜的幸福中最美好的时刻，仍然记得，除了最初的爱，什么在爱情里都不算数，所以你每时每刻都会遭受回忆的惩罚、对比的恐怖！你会痛苦地明白，不是独一无二的都不是好的！有一位神明曾对罪人说：'如果你还没找到我，你就不会去寻我……'我已不再年轻，不再热情，也再也无法大方地重新开始一段婚姻或者二人生活。让我在封闭的房间里，有防备地、无所事事地独自等待那个把我选入后宫的人到来吧。我只想知道他的温柔和热情，说到底，我只想要爱情，嗯，只要爱情……"——原注

二 "谢里的诞生并非偶然……"

您在 1920 年出版了《谢里宝贝》[1]。这个人物是如何诞生的？

也许他是应时而生。不过，我记得有人指责我说，谢里是一个"虚构"的人物，或是一个想象的人物。我当时回答道，恰恰相反，我觉得谢里属于一个时代，就像他将继续属于所有时代一样。谢里仍然存在！也许如今他的外形和光彩已经不那么骄狂了。但他依然存在！

在谢里之前，曾有过克洛克[2]这个人物吧？

1　小说的主人公谢里（chéri）本名为弗雷德·佩鲁，是一个风流倜傥的年轻男子。谢里是他身边的朋友和情人对他的昵称，同时，"chéri"一词有"宝贝"之意，因此在汉语中一般把这部小说的名字译作《谢里宝贝》。

2　在写《谢里宝贝》前，柯莱特曾构思过一个叫"克洛克"的人物，并在《晨报》上连载过一些以克洛克为主人公的短篇小说，包括《孤独的克洛克》（转下页）

是的，谢里就诞生于此刻。当时他正是叫作克洛克。他让我感到可怜，而可怜之人难免有些可恶之处。因为他长得丑，不讨我喜欢。我把他写得又丑又笨。然后我受够了这个年轻人，便像出于仁慈一般，扔给他一种对他而言大有裨益的力量……我扔给了他美貌，是的，这是出于仁慈！

实际上克洛克从未正式出版，他又是如何诞生的呢？

我不能告诉你我有多了解他。我在《晨报》上发表的两三篇短篇小说中有提到过他，而随着我迟到的宽容，你会在我完整的作品集中找到他的身影。

我觉得谢里的美貌值得我们注意。您是在什么情况下把美貌赐予他的？[1]

（接上页）《克洛克与婚礼》等。克洛克可以视为谢里的前身。1949 年，《谢里宝贝》重版，柯莱特专门撰写了一篇序言，在其中对此进行交代："我要补充一句，谢里当时还叫作克洛克，因为他每一次喘息，感冒似的鼻子里都会发出轻微的阀门似的声响，让人难以忍受。我想他在忍受着鼻子里的息肉……有一天，我在《晨报》的每周故事栏目中需要这个人物，于是，谢里的第一个屈辱形象便诞生了。""克洛克隐约瞥见了自己的命运，那就是死去然后重生为一个被爱的人，换句话说就是重生为一个英俊的人。克洛克就像被我猛灌了一口南方的烈性麻药一般，怯懦地失去了知觉和外表，陷入深渊之中，然后在莱雅的臂弯中醒来，被她称呼为'谢里'。"

[1] 柯莱特在《谢里宝贝》重版序言中写道："于是我立即为谢里量体裁衣：二十五岁，褐发，白皙，像一只六个月大的公猫般鲜亮。有时候，我在（转下页）

我相信，年轻男性对成熟女性的爱慕，具有长期性、持久性。也许是我错了。

既然两个人都有同样的"野心"：喜欢成熟的女人，为什么要先创造出丑陋的克洛克，然后才是英俊的谢里呢？

克洛克没有爱上一位年长的女性。他爱一个年轻女人，相反却没有因此变得快乐。而且，除了放弃这个人物，我没有任何其他想法。起初，谢里，这个几乎如同孤儿般的男子，拥有过很多女人，他既不爱她们，也无意照料她们的生活。他就像一只迷路的狗在寻找主人。幸运的是，他有了一个机会：他的美貌，让他找到了被我谦称为"海滨"的地方。

在《谢里宝贝》定版序言中，您在谈及您的主人公时这样写道："这里白皙，那里棕黄，时常富有，偶尔贫穷，如果我过去还未通过《克罗蒂娜》了解到文学这个职业可能在某一方面具有魔力的话，他的美貌确实会令我惊讶，难以

（接上页）他身前后退几步，仔细凝视他。我不厌其烦地打扮他。睫毛与秀发有如乌鸫的一身黑亮羽毛，纤细的双手，盾牌般的胸膛，还有那副牙齿！以及弯弓般的嘴唇……我不知道还要给他填补什么，便送给他一份最重要的礼物：威严、荣耀以及大皮条客的稚气。对于一个游手好闲又收入颇丰的小伙子来说，没有什么比这更令人振奋的了。"

自拔。"您能否就此发表一下评论。

这很自然。我想说的是，从公众的角度来看，一个英俊、无用而且充满魅力的年轻人，他讨人喜欢的可能性，要比例如《克罗蒂娜》系列里的男性人物更大，也更让我吃惊。这个人拥有一段上天眷顾的命运，这本是他不配得到的，因为他徒有其表，鲜有其他美德。

不管您怎么想，他也许有过某种美德，而且他应该得到比您现在给他的更多吧？

他不值得更多，我最终甚至给了他一个自愿放弃生命的机会。[1] 在我漫长的人生中，曾遇到过几个谢里的翻版，除了其中一人，其他人的到来都恰好向我证明，在创造这个几乎毫无德行的家伙时，我没有犯错。事实上，当他意识到这一点时，就像我在他短暂的人生终点为其规划的那样，他被允许彻底地厌恶人性。

1　在 1926 年出版的续作《谢里的结局》中，柯莱特安排谢里以自杀落幕。她在《谢里的结局》中写道："他激动地大声呻吟，口中重复着'奶妈……我的奶妈……'以此让自己心情激动。但他又沉默了，羞愧了，因为他很清楚，拿起桌上的小手枪并不需要激昂慷慨。他没有起身，找了一个方便的姿势，最终伸出了他握着武器的弯曲右臂，把耳朵贴在插入靠垫里的枪管上。他的手臂立即开始发麻，他知道如果自己不快点，他发僵的手指就会拒绝服从他。于是他抓紧时间，发出了几声沉闷的怨声，因为他的右前臂压在他身下，让他感到不适，除了食指在螺纹钢的一个小突起上用力，他对人生再无任何理解。"

《谢里宝贝》是您信笔写出来的吗？

就算是我收集了许多邂逅吧。这是一个不太让我厌烦的账单，这张账单上罗列了一个年轻男性在勾引一位成熟女性时，能够产生的所有缺陷。

纯粹？我的运气

在谢里这个人物以及您笔下的许多男女主人公身上，我们可以发现一种纯粹，这种纯粹在最世故的情境中也依稀可见。这种对于纯粹的追求难道不是您写作的一个重要环节吗？

也许吧。用更简单的话来说，既然我在别人看不到、将来也不会看到的地方发现了纯粹，那意味着，我的上帝！这是属于我个人的运气。

通过《谢里宝贝》，您有没有尝试过——既然您提到了个人的运气——表达您对这个世界的独特看法？一种属于您自己的人生观和世界观？

我希望不会，因为除了夹杂一丝反讽，我看待生活的方式与我让谢里遭罪的处世之道之间，没有任何共通之处。

您曾经遇到过非常典型的谢里式人物吗？

你觉得今天"谢里"变少了吗？没有任何统计学方面的调查可以盖棺定论地说：现在成熟女性对年轻男性的诱惑减少了，或是年轻男性对成熟女性的诱惑减少了。有相当多年轻男性私底下其实都是孤儿。

"我第一次透过自己的目光去看谢里，"您写道，"他正坐在天蓝色的大马士革长椅边上，和女士的小狗玩耍。"这位女士是您吗？……

我不会告诉你的！但我确实记得，那位年轻人刹那间就认出了"坚实的大地"，换句话说，就是那位已经对人生不抱希望的女人！在这种处境中，成熟的女性似乎服从于一种所有权本能，被一种可以在她自己设定的某个时间点前被剥夺的确定性支配。我相信，成熟女人在男性身上赋予了太多希望和绝望。

如果让我斗胆说出自己的想法，在那个年代，谢里和女士们的关系并不似现在这样具有强盗性质，但作风已经有点"轻佻"了。当时有个年轻男士，容貌英俊，生活阔绰，他"防卫得当"，却已经成了一些女人密谋的对象，她们既想确保这位年轻人成为舒适的情人，又想从他那里得到祖母绿宝石。而上面提到的这位谢里……却很好地"防卫"了自己。然而，某天晚上，趁着香槟的酒劲，一位年轻女士成功地——比方说——偷走了年轻人衬衫上装饰的两颗祖母绿纽扣。那时，衬衫胸口还有两颗纽扣。之后，女士拒绝归还珠宝，回家去了。于是，这个年轻人等了一段时间，我不敢把这一举动称为"道德"，但足以向他证实，这位小姐不会归还那两颗祖母绿纽扣了。由于他是个出色的杂技演员，他就利用窗户上的金属配件和窗台，偷偷从外墙爬到了"女贼"家里，足有四五层楼高。窗户开着，他发现她睡得十分平和康泰。他把她叫醒，拿走属于他的财物，顺便打了她一顿屁股，随后原路离开。这个谢里是有防备的！我的谢里也是。

讽刺的纯粹！

我希望您能谈谈莱雅[1]，她和谢里一样，都是小说中最引人注目的角色，我忍不住要说，您是怀着极大的好感创造了她。

当然！莱雅是一个美女，甚至是两个美女的影子。虽

1　莱雅是《谢里宝贝》中的女主人公，谢里母亲的朋友，一个年长的成熟女性，后来成为谢里的情人。柯莱特在《谢里宝贝》中描写道："在四十九岁的年纪，莱奥妮·瓦隆，又名莱雅·德·隆瓦尔，结束了她作为交际花收入颇丰的幸福生涯，结束她作为高级妓女的幸福生涯，生活为她免除了阿谀的灾难与崇高的悲愁。她隐瞒着自己的出生日期，但当她充满肉欲的高傲目光落在谢里身上时，她却主动承认，她已经到了允许自己得到一点小小奉承的年龄。她喜欢秩序，喜欢漂亮的内衣、陈年的美酒、用心的美食。她年轻时是个被人溺爱的金发女子，成年后过着近乎上流社会的富裕生活，但她既不甘于令人不快的轰动，也不搞暧昧……"

然她只是一个影子，但她的那种踏实还是能引起你的好感，至少我希望如此。

莱雅的原型是什么样的？

就像我会认识一两个与谢里类似的人一样，我也认识跟莱雅相近的人。而你说得没错，她不仅是最能带给你好感的人物，也无疑是最能引起作者好感的人物。

您能谈谈这些人物在小说中是如何诞生的吗？

他们的诞生！很难说。一位依旧美丽的悠闲女士和一个对她而言过于年轻的英俊小生，光是想象二人的邂逅，难道还不够吗？我的天！这还不足以创作出一部小说吗？

您笔下莱雅或谢里的一些思考可能有助于我们更好地理解您的想法。您让莱雅说道："夏洛特·佩鲁[1]，我向你致

---

1 夏洛特·佩鲁是谢里的母亲。在小说中，这段评语并不是莱雅说的，而是出自巴特雷米男爵之口。《谢里宝贝》中写道："'夏洛特·佩鲁，属于另一个时代的女性！'那位衰老而枯槁，奄奄一息却坚不可摧的巴特雷米男爵亲切地说道，'夏洛特·佩鲁，我向你致敬，你是唯一一个敢于把自己的儿子培养成娼妇之子的放荡女人！你属于另一个时代，你不读书，从不旅行，照顾你唯一的同类，让仆人们去抚养你的孩子。多么纯粹！多了不起！就和古斯塔夫·德罗兹一样！而您自己对此却一无所知！'"

敬，你是唯一一个敢于把自己的儿子培养成娼妇之子的放荡女人！多么纯粹！"请您评价一下这种看问题的方式。

我觉得"纯粹"这个形容词应该理解为一种善意的粗俗讽刺。仅此而已。

佩鲁夫人和她的朋友们拥有一种非常特殊的生活方式，可以想见，这种生活方式对于《克罗蒂娜》的作者来说，大概并不缺乏某种高贵气质！所以，您的言辞中反讽要多于致敬吗？

致敬！这个词夸张了。这些女士当时还不习惯这么多致意。但你说她们拥有某种生存准则，倒是十分接近事实。是的，就是一套准则！就是这样。她们重视自己的闲暇，重视自己的排场，而且往往重视自己的贪婪，这种贪婪达到了让你无法揣测的地步。我走近——不够近，永远都不够近——这些女士中的一位，她的情人，后来成为她的丈夫，没活多久就去世了，我的天！他死后留给她一亿多的遗产。我觉得当时这一亿法郎倒是需要得到重视的。她变卖了死者的绘画收藏，带着她的一亿法郎在巴黎一个漂亮的小隔层里安顿了下来，房租一年一千五百法郎。

您对这些女士的生活方式还有其他记忆吗？

不幸的是，没有！她们拥有一种生活方式，一种对无所事事的理解，以及对于现在所谓"养生"的蔑视……那是另一种养生……她们能够起得很晚，想喝多少巧克力慕斯就喝多少，还要就着奶油蛋糕喝。她们的养生方式，和现如今那些不幸的年轻女性相比，完全不可同日而语！

亲爱的艺术家！

"莱雅"这个名字是您创造的吗？《吉尔·布拉斯》杂志的秘书视她为"亲爱的艺术家"，对此她的答复是："艺术家？噢！真的，亲爱的朋友，我的情人们都很饶舌。"

我不记得了！或许这是一个真实说法的转写。

您认识"帕特隆"[1]这个角色吗？

所有认识他的人都很怀念他。他死于战争期间，在他

1　"帕特隆"（"Patron"也可以理解成是一个外号，意为"老大"）是《谢里宝贝》中的一个过场人物，是一个强壮的拳击手，一个性格宽厚的人。作为莱雅的朋友，莱雅曾专门请他帮忙训练谢里，让过于柔弱的谢里变得更男子气。

用宽大的后背从铁丝网间扛回长官的途中，他的后背像高大的建筑般强壮。他们俩都死在了那儿。你在我的作品中寻找关于纯粹性的神话。好吧，你会在帕特隆的生活里找到它最美丽的浮雕。

您让莱雅在评价谢里时说道："英俊如斯，亦是一种高贵。"

为什么不呢？你在一匹赛马甚至一只纯种狗身上都能辨识出这种高贵。为什么我们不能在人类或者类人物种身上认识到这一点呢？

您能不能谈谈老莉莉[1]和"她的王子"——如果他要娶她的话，他父亲就想把他送进修道院？

我想她是真实存在的。我只好依据想象来写：我从未见过她。但这似乎是真的，一个意大利王子想要把儿子送进修道院，因为他儿子想跟一个老女人结婚。

---

1 老莉莉是《谢里宝贝》中莱雅及夏洛特·佩鲁的朋友，她的小情人赛斯特王子年仅十七岁。

艾德梅[1]在与谢里谈话时对他说道："我们有时就像两个孤儿：我们是如此乖巧。"我想这是小说里的一个关键句。谢里，他对您来说首先是个孤儿吧？

当然。他几乎是个孤儿。他完全可以找到他的女版复制品。

我们能否谈谈您在风格化方面的努力，谈谈您对《谢里宝贝》的文学加工呢？

作为一名作家，我的作品无不来源于"我自己"。无不如此。在我的记忆中，我已经留下的以及将来留下的任何一部作品，都不能与充分的工作和努力的理念分开。我没有天赋，请你原谅这一点。

您写作《谢里宝贝》，是不是像创作其他几本小说那样

---

1 艾德梅是《谢里宝贝》中谢里的未婚妻，十八岁，是夏洛特·佩鲁的朋友玛丽-劳尔的女儿。性格逆来顺受，遵照双方母亲的安排与谢里结婚。柯莱特在小说中描写道："她的童年和少年时代教会了她忍耐、希望与沉默，以及熟练运用囚徒们的武器与道德。美丽的玛丽-劳尔从未呵斥过自己的女儿：她最多只是略做处罚。从来没有一句重话，也从来没有一句蜜语。孤独，然后是寄宿学校，接着又是假期的孤独，频繁地流放进一间装饰精美的卧室，最后是婚姻的威胁，无论和谁结婚，当那位过于美丽的母亲在女儿身上看到另一种美诞生，一种羞涩的美，仿佛被压抑了，却更加动人……"

急迫呢?

我发现，时间一如既往地漫长，仅此而已。我没有像写《桎梏》[1]时那样，被艰苦的构思折磨和困扰。

当您写作时，写到中段或者结尾部分，您笔下的人物是否会在某一刻令您感到沉重呢? 您是否急于摆脱他们?

我一直很高兴能摆脱他们。写作是个劳形苦心的活儿! 至少，我觉得是这样。你怎么能指望我在完成后不产生一丝微小的满足感呢。我想到自己写过的一篇短篇小说，题目叫作《少女》，我曾不得不重写它的最后一节和结尾部分，连续写了七遍!

谢里必须死

是什么情况让您认为谢里必须死呢?

你还想让他干什么? 我想，当他失去了优越感，与周遭一切都格格不入的时候，请原谅我的表达，他就必须得死。

---

1 《桎梏》是柯莱特发表于1913年的作品。

您笔下主人公们的"结局"是在您写作过程中的某些时刻呈现在您面前的，还是您一直清楚其发展脉络？

哦！不是。他们经常跟我开玩笑，要在结尾之前发生转向。这种事已经在他们身上发生了！

您在收尾时遇到过什么特别的困难吗？

这些回忆不怎么愉快！现在我动不了了。但我总会产生一种冲动，屈服于一种需要，就是在小说写到最困难部分的时候（几乎总是结尾），要找一个陌生而舒适的地方躲起来。这一刻，我想我在面对这种努力的时候，就像面对创造一样，会感到一阵身体上的寒意。

比如，我记得一家不错的酒店，叫作阿登城堡。在比利时，那时正值寒冬，我尽量用几层旅行毛毯裹紧身体来寻一种舒适感，至少是温暖的感觉；我不用自己不太喜欢的毛大衣，而是旅行毛毯，它和我的纸张储备、隐居生活一样不可或缺。所谓隐居，包括不再下楼去餐厅，而是让人把所谓的托盘端上来，然后工作！工作！工作！它变成了一个真正的噩梦……连续好几个小时、十几个小时！然后我只有在工作结束后才会恢复！有时候，当我以为它结束了，它其实还没有完！必须重新来过。所以我又要从头开始！我那时极度忧郁，但我的性格也磨炼得更好了，我怀着一种不太自然的温顺重新开始我的写作。

为什么您觉得小说的结尾是最困难的部分？

这是一种身体上和精神上的双重寒意。我想可以用这个词……"枯竭"。它是一种干涸。

与您笔下的角色告别时，您是否感到遗憾呢？

不！我对他们表现出一种很恶劣的忘恩负义，当我确信，自己不能为他们做更多事情，不会让他们变得更好，也感到词穷，没法让他们说出之前从未说出的话来时，我就会抛弃他们！

二十九年后，如今再回首，您对《谢里宝贝》有什么看法？

这是一部足够坦诚的小说；对于谢里这个角色，我想我当年就能够，我也希望，去除所有无用的伪装。

您认为这本书是您的佳作之一吗？

不，我不能对自己这么说。如果我因为意志不够坚定或者不慎重新翻开其中的一卷，那么我大概会为了出一个新版本而对旧校样进行改动吧。

过去您对《谢里宝贝》中的人物、生活片段及人生境遇感兴趣吗？

我想我在落笔时始终抱着一个很坚定的信念，就是谢里不是一个偶然出现的人物。我相信，谢里一直存在着，任何社会运动或社会动荡都不会让他消失。他有他出现的必然性。

一场辩护

您为什么要写《谢里的结局》[1]呢？

《谢里的结局》？也许是为他做一场辩护吧！并且在公众眼中赋予他一种无辜的形象。你想让谢里这辈子做什么？

---

[1] 《谢里的结局》是柯莱特出版于 1926 年的一部小说，是《谢里宝贝》的续篇。故事开始于谢里从一战战场归来，性格已经发生了巨大的变化，再也不是战前那个无忧无虑的轻浮小青年了。他变得忧郁而闲散，冷静观察着他身边的人。他的妻子艾德梅与他疏远了，他曾经的情妇莱雅变成了一个肥胖的老妇人。几天之后，他在莱雅的一个老朋友那里看到了一批莱雅年轻时的照片，让他回忆起他真正的爱情，陷入对过去的怀念。他意识到属于自己的"莱雅"已经消失，于是选择自杀，朝自己的头部扣动了扳机。《谢里的结局》情节悲凉，充满了怀旧和绝望，但文笔极为精湛细腻。

他不会像有些人说的那样——因为有人向我建议过——成为一名伟大的实业家！但是，谢里坐在办公室里，有好几部电话、许多打字员和一大批员工，创造出这样一个人物，会对我产生极其消极有害的影响，导致我差点又哭出来然后再次把他写死！

我身上渗出了一种嗜血的气质。我已经把克罗蒂娜的雷诺写死了。我没有犹豫很久就决定把谢里写死，正是为了保证，至少在来世，他还有纯粹之人相伴。是的！谢里的纯粹！请原谅我，即便只是在我的想象和意愿中，我仍然相信这种纯粹多少存在过。

是德·朱弗内尔先生建议您给谢里安排一个实业家的结局吗？就是那个曾经为您提出过二十二条提纲的人？

出于一份没有恶意的恶意，我很想回答你是的。但却不是！完全不是！德·朱弗内尔先生不怎么喜欢谢里。他和谢里之间没有任何惺惺相惜。

另一方面，有一回他建议我写一部小说，关于一个"伟大而诚实的人"，因为他认为我的文学作品中缺少伟大而诚实的人。我有些诧异。你想啊！我记得那天的谈话没有深入下去，因为我回答道——这不是一个很好的回答："伟大而诚实的人，他们的生活凑得出一本小说吗？"

难道除了自杀，除了成为实业家，谢里就找不到其他出路吗？

如果你想知道一切，我可以说，他全部的性格，在我让他说出"大家都是混蛋"的那天，就已经暴露无遗了。

但您也把谢里变成了动物和孩子们都不喜欢的典型。在我看来，这与您所构想的那种纯粹性似乎难以调和。

我没有说他是一个纯粹的生灵。当动物和孩子们主动避开某人的时候，这是非常严重的。而且，我的天，在惩罚了谢里之后，或者用"动物和孩子们不爱他"这样的评语来为谢里定性之后，我们可以得出这样的结论：我只有让他一死了之。

在我看来，您似乎有点回避问题了。

尽我所能地回避。

您笔下几乎所有的角色都是相当天真的人——或者说是纯粹的人——但是所有的，或者说几乎所有的角色，都会遇到一个世故的人，或者生活在一种世故的环境之中。我们可以把您的全部作品看成他们对于追求某种纯粹性的需要与其所处的社会环境之间的一种永恒斗争。我想引用一个典型的句子。您借谢里之口说道："他感受到的不适自己早已心知肚明，那是永远无法表露心意的烦恼，永远无法求得知音的痛苦，向这位知音吐露无尽心事，或是吐露一个本可以改变一切的秘密！"这种对秘密的探寻，这种谢里想要倾诉的无尽心事，不正是这个人物的主要特征之一吗？

也许吧……你又用一种全新的方式令我感到难堪了。因为，如果我不赞同你所说的与他有关，你就会让我不得不看到，假如这些特点不完全属于谢里，那它们可能就会类似于我自己的一些缺点，而我是不会为这种承认感到满意的！

解药

您终于说到我想让您评论的点了！我想知道，您写的小说在多大程度上是一批解药，或者说是某种自救。我想请您告诉我，您不断进行的自我反思，是否在很大程度上影响到了您笔下人物的性格以及他们做出的选择。几乎所有人都在斗争，这和您的生活似乎颇为相近？

小心！你这是要采纳德·朱弗内尔先生的一些观点，

而我将不得不提出异议。你知道的，我允许自己保有最低限度的反思！

比如说，您想让谢里死，这样——正如您自己所说的——他就会有一个配得上他尊严的结局。所以您笔下的人物背后具有某种"伦理观"吗？

既然你已经用上了难懂的词语，我们到底要谈什么？我对你的责备尤其在于——在我成功地"谋杀"了我笔下的一个角色之后——你迫使我去思考这个问题。我不太喜欢这样。

我知道您不太喜欢这样，不过您是否愿意和我谈谈，在《谢里宝贝》中，我们是否可以说，这个结局以典型的方式表现了您笔下的人物内心最让您钟爱的东西：为保卫他们身上的本质之物而战。谢里之所以死了，那是因为他没有在他的人生中找到这种理想或这种秘密？您之前提到了谢里的这句话："大家都是混蛋。"谢里的这种悲观主义到底想表达什么？

我想，我还是能够以一种足够平衡的方式创造出谢里，让他做到不妥协。

谢里的整个青春都是在一种很独特、很世故的氛围中度过的。

他当时忍受的痛苦并非来源于此。

确实。但他直到生命终点才意识到自己的人生并不美好。难道他不能早点醒悟吗？

在我看来，谢里这样的人迅速"衰老"是被迫的。他英年早逝，却"像百岁老人一样"。他身上具有一种成熟，可以弥补岁月的漫长。至少，我是这么认为的。

的确是个年龄问题，但也是一个关于作者的问题，因为，我自己也情不自禁地认为，当您让谢里说出"大家都是混蛋"的时候，您同样留下了您的一部分自我；您自己也介入其中了。

哦，不是。请你不要迷信这一点。对待我的同辈和朋友们，我并不像谢里对身边人那样苛刻。

您为什么要让谢里周围的世界逐步崩塌呢？他身边的一切都在渐渐地消失：他的朋友、他所爱的人和事。您想要强调什么？

我当时认为——我现在仍然认为——谢里身边的人正在远离他，就像我认为动物会远离病入膏肓的人一样。谢里身边的人在他身上觉察到了一种完全反常的存在。

所以谢里对您来说是反常的吗？

这是我想呈现的效果，但"反常"指涉的东西太多了，可能会过度，也可能不够。对于一个足够清醒到可以让自己从频繁出入的世界中消失的年轻人，我怀有一种老派的敬意。

您还让谢里说道："我希望别人不是混蛋，或者不让我意识到他们是。"

不让我意识到他们是！这一定是他提出的最合理的愿望，但在那一刻为时已晚。我想对他而言，头脑不清的阶段早就过去了！

对缺失的恐惧

我想知道您当时是怎样生活的。您都和什么样的人来往？

当时存在一种古老的焦虑，一种对于缺失的恐惧：恐惧缺少食品，缺少洗澡用的肥皂，缺少安全感，这不仅仅是为了我自己，更是为了一个年龄尚小的生命——我的女儿。

我没有过多考虑你所谓的"社会阶层"。我做新闻，写小说。一切都很顺利。而我当时在做……——我的天！这是我对自己的最高褒奖，别担心——我当时在做的事情，就像我此后孜孜不倦做到的事情那样，我都尽我所能。

您能告诉我们，《谢里的结局》中为什么您要贬低莱雅[1]这个角色吗？她本来可能会成为一个完全不同的人，那么谢里就会有救了吧？

不，她必须保持莱雅的样子。

但她不再是名副其实的莱雅了吧？

在什么方面？

出现在我们面前的，是一个带着军人式开朗笑容的年

1　在《谢里的结局》中，莱雅已经从《谢里宝贝》中那个娇媚而高傲的成熟女性，变成了一个丧失性欲的肥胖老妇人。

长女士。

一个踏实坚定的女人。

一个与最初的莱雅几乎毫不相干的女人。她已经失去了很大一部分敏感度，不再把谢里看作正常男人。而且，他离开了她。

她在保护自己，让自己免受伤害。在莱雅身上，始终存着足够的私心，让她得以在尚未坠入爱河之前保护自己。

如果我没有理解错的话，莱雅还是那个莱雅，但已经获得了掩饰和放弃的权力。

当然，放弃了很多！她只保留了一些生活必需的小东西。

您认为利用男人的痛苦是某些女人的"天职"吗？

是的。如果她们足够卑劣，同时足够强大的话。这两者对她们而言必不可少。

关于《谢里宝贝》，您能说说您的爱情观吗？

我不想聊这个话题。我还想低眉下首地补充一句：我觉得自己在爱情中依然是个当局者，现在还不能洒脱地跟你聊这个话题。

他有可能会过季

您能不能为我们明确说明，在写《谢里宝贝》的时候，您在风格和润色方面做出了哪些努力？

我尽力把那些花饰都去掉。剥离花饰，舍弃火烛！

您当时已经进入了"风格圆满"时期。您曾经向我解释过，在您的生命中曾有过一段时间讨厌"文学"。

难道你不觉得《谢里宝贝》中的花饰变少了吗？这是必然的：这是一种收缩！

您花了多长时间来写《谢里的结局》？

如果在皮匠那里存放过久，《谢里宝贝》就有可能变成一颗"过季"的水果。

您之前坦承，您所有小说的结尾大多是在一种很特殊的忧惧状态下完成的。您会浑身发冷，用毯子把自己裹起来。《谢里的结局》也是如此吗？

这种状态与激昂无关。它是激昂的对立面。这是一种我强加在自己身上的严密监管。而我把一切令我激动的东西，甚至一切讨人喜欢的东西都消除了。在这一刻，我再也不喝我那杯咖啡了。我再也不允许自己触碰那些看起来十分无辜的消遣了，比如绒绣或者美食。我不再接受任何东西。必须结束。必须如此。这是最紧迫的。必须结束。你知道，这是一种焦虑。

您就是在这种状态下把谢里写死了吗？

是的！我把他写死了。

我想请问一下，您是不是构思了《谢里宝贝》的好几种结局，就像它有多种开头一样？

我可以不假思索地回答你。我没有为他考虑过其他结局。不过，就算是如今那些七岁写小说的早熟儿童，他们也不会为《谢里宝贝》构想出别的结局。

在最开始，您知道您的主人公将如何"完结"吗？

是的。从一开头，我就猜测他想寻死。

《谢里宝贝》里的乡村风景描写很少。为什么会这样？

没有什么特别的含义。

一个少年

我有种印象，谢里一直是个少年。他之所以被写死了，是因为他不可能成为一个男人吗？

既然你给了他这份荣誉，把他重新放在孩子们的世界里，那我们这么说吧，像许多孩子一样，他可以唤起人们的重视和怀疑。

在您脑海中，谢里就像一个孩子，是一种小动物？

如果你让我在这个话题上更进一步的话，那么他距离成为一名出色的商人就不远了，就像我曾经让他打算的那样。

对于一个孩子来说，生命的本质是游戏。谢里的生命本质，则在于他的爱，他的情感，他与莱雅的"游戏"。在谢里对莱雅的行为方式与儿童在生活中的行为方式之间，我看到了一种异常惊人的一致性。而当游戏终止后，谢里死了，或许是因为他再也找不回自己的游戏了。他探寻的秘密就是找回这种游戏吗？

我不知道，你对谢里的想法和评价"有点科克多[1]"了。我想请你再成熟地思考几年，然后再决定究竟是你说得对，还是我行事鲁莽。粗心大意不是我的作风。

我只想请您澄清一下，您是否把谢里这个角色构思得类似于一个无法长大的孩子？

我理解你对谢里的想法，但我持保留意见。

1922 年出版的《克罗蒂娜的家》[2] 无疑是您的一部细腻之作，它重构了您年轻时的事件和人物。您能不能选取一些

1　科克多善于使用严密的逻辑进行长篇叙述。

2　《克罗蒂娜的家》是柯莱特的一部短篇小说集，其中收录了许多她的童年记忆片段。

细节来回忆一下"您的房子和高处与低处的两个花园，大片的丁香花……"？

我希望，这栋房子，至少它的外观和花园，还维持着我童年时的样子，这不仅是为了让你满意，也是为了满足我自己。花园中几棵长寿的树木让这种希望得以延续。试想一下，我们直到近几年才被迫把大核桃树残存的枝干连根拔起。它不仅受到死亡威胁，而且正在彻底损坏旁边的墙壁。同样，幸存的紫藤也在彻底破坏栅栏。两棵高大的杉树最后也死了，但我们所有人都终有一死！必须听天由命。我本想留住这个布景，但我们不能留住一个没有生命的布景，那是这片布景自身的生机。我在记忆中尽我所能地保留了这所房子和这些花园的所有细节和整体。

配得上这个秘密

您写道："房子还在。我很清楚。但如果魔法已经离开了它，如果秘密已然失去，而且可能开启了一个我再也配不上的世界，房子在不在又能怎样呢？"那么，为了配得上这个秘密，是否有必要保留小克罗蒂娜的灵魂呢？

大概吧！你知道，年纪越大，如果还留有记忆的话，就会越发听天由命地看着那些曾经美好的布景渐渐消失。我曾经写过——我不知道在哪里写的——"对于我们拥有过的，我们不会完全丢失它：永远不会。"所以我专注于不要丢掉我曾经拥有过的东西。

这栋房子，这些花园构成了您最美好的青春回忆，不是吗，甚至可能是您一生中最美好的回忆——这是您的秘密！

当然。任何记忆都无法与一段幸福的童年所留下的东西相比较，也没有可比性。而我有一个非常幸福的童年。童年，甚至成年后的生活，要想过得幸福，都不需要太多钱。我们小时候几乎没钱，但我在很长一段时间内根本没注意到这一点。

您能回忆一下您的兄长吗？您的大哥是个水疗设备制造商，后来成了医生；您的二哥知道怎么拆卸手表，还能用钢琴还原出一段旋律；那么您长发的姐姐呢？

我的兄长们，回忆他们可不容易！他们很野，纯粹意义上的"野"，太野了，尤其是人还很孤僻。大哥从在卢瓦雷省的夏蒂庸-科里尼[1]成为一名医生开始，就过着乡村大

1　夏蒂庸-科里尼是位于法国中部卢瓦雷省的一座小城，位于巴黎以南约一百三十公里。

夫的艰苦生活，收入几乎难以糊口，却付出了他所有的时间、所有的辛劳和所有的努力。

您是不是有某种性格特点或者其他什么东西受到了您大哥的影响？

我不知道。我很敬佩他，但我认为这仅仅是因为他值得敬佩。

二哥呢？

啊，二哥！无法接近！难以理解！他对音乐和集邮都很投入。他一生都忠于这两项爱好。在一战后不久，他就去世了。我想不出关于他还能谈些什么，因为他不仅逃过了合理的判断，而且逃过了所有的批评。他非常温和，但无法接近……我记得自己曾经在佩雷尔广场[1]遇见过他，他有时会坐在那儿的长椅上。那天，出于对一切时髦打扮的轻蔑，他没有打领带，也没有戴假领子。他知道自己忘了打领带，也知道自己忘了戴假领子。这不是无知，而是对一切文明高傲的蔑视。

1　佩雷尔广场位于巴黎十七区，1973 年改名为朱安元帅广场。

您的长发姐姐呢？

直到她结婚时甚至婚后，我的姐姐从来没有打算要跟我们的家庭生活产生联系。她是我母亲第一段婚姻中生下的女儿，可以这么说，她从来没有打算跟我们扯上关系。所以我们其他三个人都尊重她的意愿，她对此也没有隐瞒。

我们可以想象您和您的兄长们在性格上有哪些共同点，不过您父亲对您又有什么影响呢？

我不禁笑了，因为我常常问自己同样的问题。他留给我的东西比我以为的要多。但他也躲开了我们！所以，如果我在性格中保留了某种形式的"精神逃避"，那便是受到了他的影响。他逃避起来很轻松。不过现在，为了我个人的满足，我也很善于逃避、善于逃离。这是一种掩饰，面对这些言辞我并不避讳。

在《克罗蒂娜的家》中，有一篇名叫《绑架》的短篇小说，描写了一个颇为有趣的事实：您的母亲以为有人要绑架您，于是在晚上把您抱进了阁楼。您还记得吗？

她担心有人要把我从她身边夺走，最后让我住得很不舒服。她曾带着我在大房子里散步，那时候大房子很空旷，有点像一只母猫叼着小猫颈子上的皮到处溜达，让它远离那些危险的公猫和犬类。在这个房间里，我在墙上钻了一个小洞，晚上可以让猫咪们钻进来。我有一个梳妆台，一个很简易的洗脸池，我还记得，冬天的时候我得把水壶上的冰块打碎。

我的藏书

《克罗蒂娜的家》还提供了一些您读书的细节。您写道："拉比什[1]和都德被引入了我幸福的童年。同时梅里美也来了，他诱人而冷酷，有时会用一种难以理解的光芒照亮我的夜晚。"

在我八九岁的时候，我曾极度迷恋《查理九世时代轶事》[2]。

这种诱惑的来源是什么呢？

我不知道。如果我早就知道的话，可能就不会被诱惑了。你最好不要问我这方面的问题，等我晚点再问我自己。

1　欧仁·拉比什（Eugène Labiche，1815—1888）：法国剧作家。

2　《查理九世时代轶事》是梅里美的长篇小说，以16世纪查理九世时代的著名宗教惨案"巴托罗缪之夜"为背景，描绘了新教天主教冲突中几个人物的经历。

那么拉比什的作品呢？

在我八岁时，我要求他们把拉比什戏剧中已经出版的几册（后来就没再出下去）作为新年礼物送给我。他们给了我。两年后，我要求他们将都德的两卷本小说《雅克》作为新年礼物送给我。他们也给了我。

是什么吸引了您，风格，情境，人物？

我不知道。我不想知道。我得到了自己要读的东西。我母亲当时只是抱怨，说我居然不喜欢——请原谅我用的是虚拟语气——居然不喜欢圣西门[1]。她透过眼镜，愤愤不平地看着我。她说："你没什么可读的了。去读圣西门。""我不知道这三个孩子是怎么回事（她只数到三，说的是'我的三个孩子'，虽然少了一个），我不知道这些孩子为什么不喜欢《圣西门回忆录》！"

您也不太喜欢大仲马！

是的，很对，而且，说真的，即便是今天我也依旧

---

1 圣西门公爵，路易·德·鲁弗鲁瓦（Duke de Saint-Simon, Louis de Rouvroy, 1675—1755）：法国政治人物，著有《圣西门回忆录》。

不喜欢大仲马，因为我不会用自己的作家生涯来撒谎（我经常说实话）。我已经走到了生命尽头，不知道是否还有时间去读《三个火枪手》。我想我永远不会读它，也不想去读。

您还说过："我把同样的作品读了又读，不过这一切对我来说都是必要的。"

我现在依然是一位优秀的反复阅读者，我不隐瞒这一点。我总是轻易地重复陷入巴尔扎克的世界！有时会陷入缪塞[1]的世界，不过进入游记却不那么容易。这并不是说明我记忆力不足，或许是我喜欢流畅的文本。对！

在您还是小女孩的时候，您能否轻易地记起您读过的那些角色呢？

根本不能！我可以相当迅速而且如实地回答你。我没有把他们从我发现的地方抽取出来。他们待在自己的领地中，留在自己的文学源泉里。我没有破坏他们。

1　阿尔弗雷德·德·缪塞（Alfred de Musset，1810—1857）：法国浪漫派诗人，以歌咏爱情而闻名。

所以，您有没有梦到过他们？

不太经常，不太经常！我早就拥有了坚固的头脑。

读到 1923 年出版的《小麦的青苗》[1] 时，我们会提出这样的问题：书里阳光普照，这本书是在布列塔尼还是在南法写的？

当时我只熟悉布列塔尼。但那段时间布列塔尼的天气很好！

当时您笔下所有的风景都阳光灿烂。

确实有许多阳光！然后，突然之间，布列塔尼的夏天只剩下了绵绵阴雨。你去问问热尔曼妮·博蒙[2]吧，当时她愿意陪着我！

1　《小麦的青苗》出版于 1923 年，是柯莱特在布列塔尼度假期间在她位于罗兹文的庄园中写下的。在这部小说中，两位年轻的主角，十五岁的文卡和十六岁的菲利普发现了二人之间超越精神恋爱的肉体之爱。在当时的文学语境中，该内容极具颠覆性。小说的主题在当时是文学的禁区之一，因为它涉及一对少男少女的性启蒙。菲利普在与一位成熟女士卡米尔·达勒雷一起经历了一段恋爱关系后，发现了他对文卡的依恋。

2　热尔曼妮·博蒙（Germaine Beaumont，1890—1983）：法国作家。柯莱特的好友。

伟大爱情的绽放

是哪些元素启发了您写下《小麦的青苗》呢？

起因是《晨报》邀请我创作一个短篇小说系列，当时，这份报纸非常假正经。作为一名新闻编辑，那时候我已经辞职好几次了。于是，从系列作品的第一个短篇开始，《晨报》就指责我使用了"情妇"这个词，应该写成"女朋友"！我回答说，这完全不是一回事，于是我提交了辞呈……然后我又收回了，我的天啊，涉及《小麦的青苗》的主题，我又再次上交了辞呈。那段时间我的脾气很不好。我没有把辞呈收回来，而是把《小麦的青苗》改成了一部发生在海边的短小作品。就是这样。

故事的起点是什么？

一对少男少女之间伟大的爱情，他们几乎还是两个孩子，却可以不必等到绽放的年龄。

《小麦的青苗》描述了青春期的一个关键阶段，即爱情生活的启蒙。这就是您笔下的女主人公文卡的情况，她是一个年轻的女孩，正处于女性生命中最纯粹或许也是最动人的年龄。您把她的形象刻画得很完美，但她却向菲利普屈服了。为什么在她进入生活的时候，她的纯粹性会像这样缩减呢？您今天是否也以这样的方式看待伟大的爱情呢？

从她自身的天赋来看，这个小小的造物在我看来，如我所愿，是真的恋爱了，而且她不要为她自身的天赋赋予任何重要性。她付出过。不要问她付出了什么——这是一个没有补语的动词。她付出过。句号。

在您的小说中，同时也许在您的心目中，文卡是自身的受害者，是她对菲利普的过于伟大的爱情的受害者吗？

对于别人要求她做的事情，哪怕只是嘴上带一句，她也乐意去付出。她能做的只有付出。

您想让您的女主人公成为一名彻彻底底的爱人，付出却毫无回报吗？

是的，她在付出。你去问其他女人（但她们不会告诉你）她们到底是从什么开始的，除了饱含苦涩和失望，还有什么别的答案。幸运的是，"事情"常常在之后得到解决——并非总是得到解决。她们也一样，她们曾付出过，她们也曾不谨慎地献身于那些接纳她们的人。

在我们今天的世界里，纯粹不就是一个迷离的梦吗？在您的小说中，纯粹通常意味着某种牺牲。

你说，它通常意味着牺牲。我不知道你和我对于纯粹的看法是否一致！

您笔下所有"纯粹"的角色——即使是谢里和米苏[1]——实际上都没救了，都以自杀或决裂的方式在生活中失败了。

是的。

文卡是纯粹的，在她把自己交给菲利普时，她就没救了。为什么会这样？

你触及了我的"悲观主义"（这是你的提法）的一种表现形式。我并不想让你帮我理清这种悲观主义。我只想在我余下的生活中，为某种明媚、愉快的亮色留下一席之地，可以说，这片亮色将是我的乐观主义姗姗来迟的色彩。

---

1 米苏是柯莱特发表于 1919 年的小说《米苏》中的主人公，是一位二十四岁的年轻女性。在小说的结尾部分与男主人公布勒中尉和平分手，米苏也因为这件事体会到了自己生活的乏味。

您的意思是您想保留生活中的某种色彩，某种诗意。

是的。

不管您愿意与否，这种意图仍然是悲观主义的标志，隐藏在您所有的作品之中。对您来说，既然您想要转变这种相当灰暗的世界观，那么把它的本质说出来不是更好吗？

这种悲观主义，我同意，但它既不是我生活中，也不是我作品中最糟糕的部分。说悲观主义始终是灰暗的，这并不确切，但除了"悲观主义"，我找不到其他词汇了。你应该去询问一个在我身边生活过很多年的人，我的悲观，我的天啊，是不是我拥有的最好的东西！

您对世界的看法是悲观的，但您的诗意却在盛开！您品尝到了它们全部的价值，叶片的色泽，阳光的力量，空气的甜美。在这双重视角中，是不是几乎可以说存在某种二元性，某种对立性？

在另一场战争[1]中，我认识了一位北方省的省长。当有人指责他管理行政区域的方式时，他给出了一个我认为相当

---

1   指第二次世界大战。

成功的回答。他操着南方口音（这对于一个北方省长来说相当罕见）说道："大家都想找我麻烦，他们问我为什么这么做，为什么那么做。是的，很明显，有人指责我是一个悲观主义者。好吧，我就是悲观主义者，但上帝啊，我是个快活的悲观主义者！"也许我也是这样的人。

让我们回到菲利普这个角色，回到他青春期的梦想，在梦中他憧憬能遇到一个成熟的女人。对于他作为恋人的命运而言，这是不是有点可惜？

我曾经认识一个少年，他在精神和心理上都是那种少年心性，时常梦见爱情。他向我倾诉，说他在十四岁到十六岁之间，经常在梦中想象"做爱"。我问他和谁一起做？他回答说："和迦太基女王狄多[1]。"这个答案不错，应该能让你满意。这是一个少年的梦，他在"白衣女郎"[2]那里遭遇了现实，而和文卡在一起，他可能并没有更多的快感——请原谅我这么说！

1　狄多：迦太基女王。在维吉尔的史诗《埃涅阿斯纪》中，虚构了狄多与埃涅阿斯的感情故事，二人在迦太基相爱，但埃涅阿斯要去建立未来的罗马，不得不离开，导致狄多心碎自杀。狄多也成为西方文学史中著名的女性形象。

2　在《小麦的青苗》中，菲利普与一位成熟的女性卡米尔·达勒雷偶然相遇，并与她发生了肉体关系。卡米尔在小说中始终穿一身白衣，因此被称为"白衣女郎"。后来，这位神秘的卡米尔消失了，让菲利普深感疑惑和迷茫。

三 "的确，是爱情驱使的……"

当您在 1928 年出版《白日的诞生》[1] 时，您的读者已经知道，根据克罗蒂娜的品位，没有什么事情比看到朝阳在田野上升起更有意义了，他们一定会自以为，在您的作品中能发现书名所歌颂的诗意包含的全部丰富性。然而，《白日的诞生》并不具备我们在《克罗蒂娜》系列中熟知的那种欢快、生动、振奋人心的诗意，它主要是对某种悲观主义，也可以说是对某种智慧的肯定，当人们发觉被他们抛弃之物的价值，当他们明白未来需要先做出放弃，这种智慧把他们束缚在生活之中。您在《白日的诞生》中写道："生存的一大

---

1 《白日的诞生》是柯莱特发表于 1928 年的一部作品，柯莱特在书中回忆了她的母亲。在这个交织着梦境与自传的文本中，既有一些虚构的角色，也有现实中的真实人物，他们一同在"麝香葡萄架"庄园度夏，继而发生恋情：年轻的瓦莱尔·维亚尔爱上了故事的女性叙事者，一位已经决定放弃一切感情生活的成熟女性，而另一位年轻女性，画家埃莱娜·克莱蒙，则喜欢维亚尔，在这场三角恋结尾，叙事者停留在孤独中，享受着独属于她的自由。

平庸之处，爱情，正在从我的生活中退场。母性的本能，这另一大平庸之处，也同样退场了，其他的一切在我看来都是欢快的、多变的、繁盛的。"您在谈到爱情时，这个"平庸之处"指的是什么？这是您在谈论这种感觉时使用的一个全新的修饰语。

我想了很久，没有任何其他名词比它更适合爱情了！

但是，从"平庸"这一视角谈论爱情时，您看起来难道不是在以一种报复的方式去放弃一种曾经推动过您整个人生的感情吗？

为什么你硬要说放弃一定是阴郁的呢？的确，是爱情驱使的，但无论如何，我也与之争论过。我并没有那么甘心屈服。我喜欢说一不二，就像和动物们待在一起时那样！

当您写道，"我好战的生命结束了"，并在谈及旧爱时说道，"后来，理智恢复了，我不喜欢的平和状态也恢复了"，对于这种观察您会赋予什么含义呢？

是旧日的战斗本能、抵抗本能和争论本能。你要怀疑我的抗争权利吗？

为什么您不喜欢平和的状态，而是热衷于与恋爱中的男性投入一场双方关系的争战，投入一种冲突呢？

在我身上，我相信这是健康的标志。马塞尔·施沃布曾经给我起过一个绰号，貌似选用了乔治·罗登巴赫[1]某本书的标题，把我称作"顾虑重重的修女"。我确实对所有的事情都多少有点顾虑。我将这些顾虑隐藏在一丝愤世嫉俗之下。

柯莱特会如何定义这种顾虑呢？

长年累月地害怕做错事。这一定是源自我那个诚实的家庭。哪怕我们套上一些与自我对立的表象，诚实也不是总能被治愈。

梦在您的生活中占据着怎样的位置呢？

喔！喔！你以为我会回答这个问题……梦的位置……你所谓的"梦"指什么？我把它放在……每一处地方！

1　乔治·罗登巴赫（Georges Rodenbach，1855—1898）：比利时象征派诗人。《顾虑重重的修女》是他 1894 年发表的一部作品。

一次决定性的爱情

您还这样写过:"一个女人对故乡爱得有多深,她就有多少幸福的恋情。"当您谈到您热爱的家乡时,这会不会是一种回忆恋情的方式呢?

我的故乡是存在的。也许现在最好别让我去那里游览,因为我害怕发现它已经"褪色"。要知道,自从我搬到了皇家宫殿[1],我可以这么跟你说,我便有了回家的感觉。对我而言,还是不要回别的地方更谨慎些。

您写出《白日的诞生》的时候,似乎已经放弃了爱情,但当时您的生命中不是已经有了一次伟大的爱情,一次决定性的爱情吗?

这倒是相当真实![2]

---

1 皇家宫殿位于巴黎市中心,卢浮宫附近,是 17 世纪法国首相黎塞留的官邸,现为政府机关所在地。1927 年之后,柯莱特在皇家宫殿附近的博若莱路九号长住,直至去世。

2 1925 年,柯莱特遇到了她的第三任也是最后一任丈夫莫里斯·古德凯,时年三十五岁的古德凯与五十二岁的柯莱特坠入爱河。之后,古德凯成为柯莱特1927 年撰写的小说《白日的诞生》中人物维亚尔的原型。

众多人影[1]穿过《白日的诞生》。您当时住在圣特罗佩[2]。在各种友好的聚会中，我们可以认出大画家赛贡扎克[3]这个人物。

我担心我们无法重现这些时刻。它们太美好、太单纯了！

在您的许多小说中，爱情都是一种斗争，与苦难密不可分，《白日的诞生》在这方面尤其典型。然而，在您的作品中，很少"陈列"由爱而生的苦难。您只用了两句话便传达了女主们的痛苦。您的母亲有过一种看法，也是您自己的想法："爱不是一种光荣的情感。"对此您如何解释呢？

这不是很妙吗？所谓"肆无忌惮"的爱情，往往很难引起那些能够被人称为"光荣"的行动，不是吗？

1　在《白日的诞生》中柯莱特实名描写了她的不少朋友。

2　圣特罗佩是法国南部地中海沿岸小城。1925 年古德凯带柯莱特游览普罗旺斯，柯莱特对此地一见钟情，卖掉了罗兹文的房产，转而在圣特罗佩买下了一套房，被她命名为"麝香葡萄架"。柯莱特在圣特罗佩撰写了许多作品，《白日的诞生》便是其中之一。

3　赛贡扎克是《白日的诞生》中的一个过场人物，在现实中确有其人，名叫安德烈·杜努瓦耶·德·赛贡扎克（André Dunoyer de Segonzac，1884—1974），法国画家、雕塑家，柯莱特的好友，曾为柯莱特画过肖像，并且创作过一系列关于"麝香葡萄架"的画作。

从社会意义上来讲多半是这样，但从柯莱特的意义上来说，"光荣"这个词是不是过分了？

不！我很喜欢它！有人早已注意到，常常能在我的文字中看到"光荣"一词。这让我有点困扰。你们找到了隐藏在我文本中的一个真理，你们赢了。

我想问这个问题，1902 年到 1913 年那个陪伴克罗蒂娜或明妮的柯莱特，她会写出这个词来吗？

当时我可能不会用文字表达出来，但我还是会这么去想。我正在研读乔治·桑 [1]，以前我没有读过她的作品。她让我很感动。她对真理的表述多么大胆啊！

在乔治·桑笔下，在她的爱情以及与她关系最亲密的事物之中，存在一种自我解放、自我展示的意志。而在您这里，当我们开始了解您的作品时，就会产生一种想要保密的愿望，不想让苦难或深情流露出来……两位大相径庭的女性。当您写到"葡萄的收获季只有秋天……"时，您没有注意到您和她真正的区别吗？

1　乔治·桑（George Sand，1804—1876）：19 世纪法国最著名的女作家，法国浪漫派文学的代表人物之一，著作颇丰，"乔治·桑"是她选用的男性化笔名。

人生入秋时的爱情观念。我只是一个女人而已。而所有的女人都害怕自己的秋天，自己的垂暮之年。

再问一次，对您来说幸福意味着什么？

什么都不是。一个无形的词，一个没有深度的词，没有货真价实的意义。我再给你援引一个不属于我的句子。我是这样一个人，曾经有人问她什么是天堂，她不无幽默、不无幸福地（如果你非要用这个词的话）回答道："啊！是的，那里有许多竖琴，永远有许多竖琴，一定让人无法忍受！"

"为了脱胎换骨，为了重构和新生，这些从来都没有超出我的能力之外，"您写道，"不过，在今天，这不是脱胎换骨的问题，而是着手去做一件自己从来没有做过的事情。那就是放弃爱情。"

当时，我仍然希望能够从自己身上收获一些力所不及的东西。

您当初为什么要写《白日的诞生》呢？

如果我完全诚实的话，我会告诉你，我写下《白日的诞生》并没有什么真正的理由。如果我想要与某种思考方式和感受方式相称，那我就不会写这本书。但这并不妨碍我说，这是我最珍视的一部小说！谁会懂呢！

渴望与茜多重逢

如果有人想要了解您灵感的来源，欣赏您文风的质地，那么一定要读《茜多》[1]……二十年间，您信笔创作，从您的生活环境中汲取灵感，然后您回到自身，写下了《克罗蒂娜的家》和《茜多》。您的哪个人生阶段与创作《茜多》相对应呢？

《茜多》不是源自我的一个创造物，"茜多"是一个让人无比怀念的女子，她给我留下了一段关于她的美好回忆。

我想详细了解一下您在撰写《茜多》时的意图。

我对自己没有把握，却对她充满信心。就在那一刻，

1　《茜多》是柯莱特 1929 年发表的一部作品。茜多就是柯莱特母亲茜多妮·柯莱特（Sidonie Colette，1835—1912），在《克罗蒂娜的家》《白昼的诞生》和《茜多》中，柯莱特通过许多段落回忆了她的母亲。

我更加清楚也更加准确地认识到,我们的母亲对于我以及她的其他孩子来说,到底意味着什么。

写这本小说的欲望在您身上是如何凝聚的呢?

严格说来,并不是对一部作品的欲望,而是我渴望与她重逢的欲望。但已经太迟了,我在这个世界上再也找不到她了。

您是在哪里写的《茜多》?

和其他小说一样。随处写,在我有办公桌的地方,在我长住的地方……《茜多》并不是在某个特殊地点写出来的。

您写《茜多》就像写其他作品一样吗?

我无法在这里讲述我的遗憾是多么强烈,遗憾于意识到自己已经失去了我希望永远都不要失去的东西。

您能告诉我您对您住所的感情吗?

我出生的那栋房子吗?喔!我已经很久没有见到它了,

不过我想，如果再见到它，我一定会想办法更加明确地跟它建立情感连接。那是一栋好房子，很朴素。如果我再次看见它，我的内心也许依然会被它占据。

在《茜多》中，您提到了您母亲外套的气味。您还记得吗？

是的。[1] 首先，我拥有良好的嗅觉记忆力，直到现在依然十分出色，那件内衬合适的大衣很好闻，因为只有我母亲穿过，散发着她的体香。我想，我的母亲就如圣徒一般：她自然而然地散发出美德的气味。她闻起来很香。

您在书中用了好几页回忆茜多对花朵的微妙感觉。

茜多并非对所有形式的自然都保持宽容，不过，对于自然的各种表现，即便不能说她心怀完美的仁慈，至少对事物的看法公正明晰……比如，并不是所有的花卉她都喜欢，我似乎记得她不喜欢宽脸的三色堇，因为她强烈指责它们长

---

1 《茜多》中写道："她从来都不知道，每次她回到家，她的松鼠皮大衣的味道，被一种女性的、贞洁的、淡栗色的香味浸透……"

得像亨利八世[1]……

凌晨四点……

当时您得到的重大奖赏，难道不正是您母亲在黎明时分把您叫醒吗？

我想是的！那的确是一种奖赏：凌晨四点，有时候是三点三刻……因为我们住在一个充满纯真与鲁莽的村子里，当时我的年龄在八到十一岁之间，我已获准在这个时间点独自走向田野，晨光熹微。那是一种奖赏。

为什么要说是"奖赏"呢？

我不知道。你在《白日的诞生》中也会找到这个想法——这是一种奖赏[2]……凌晨四点？也许当我还是孩子的

---

[1]　亨利八世（Henry Ⅷ，1491—1547）：英国国王，方脸络腮胡。《茜多》中写道："'比如这株三色堇，很像英王亨利八世，长着他的圆胡子，'她说道，'说到底，我不喜欢这类粗暴的形象……'"

[2]　《茜多》中写道："因为，我已经非常喜欢黎明了，以至于我的母亲把它当作奖赏交付于我。我让她在凌晨三点半把我叫醒，然后我就离开家，每个胳膊上都挂着一个空篮子，走向在河边狭窄的田垄中托身的菜地，走向草莓、黑加仑和带刺的醋栗。"

时候，这方面的感觉更为敏锐……不过，黎明对我而言，一直是最美好的时刻，可以称为"诗意时刻"。无论我现在状态如何，有时黎明依然是一种奖赏，至少，不久之前还是如此……当莫里斯和我开着一辆特别棒的汽车前往南法，于早上三点三刻离开巴黎，大约在晚上十一点到达圣特罗佩时……你知道日出的这一小时比我们想象中更加漫长，延续得更加持久吗？这是我一天中最爱的时段，它对我而言无与伦比，其他时段在我看来都有一点损耗，受了一些摩擦。对，三点三刻……气温几乎总是那么舒适，有时甚至能看到天边微微发亮。对，我记得我们是在三点四十五分离开的。我们离开巴黎时依然身处夜色之中。那是另一种奖赏……

茜多带给您最重要的教诲是什么？

确实，如你所说，涉及某种教诲。茜多发现，恶与善往往具有势均力敌的光彩，二者都能引发人们的关注，甚至，有时还是热忱的关注。

我不喜欢幸福

她又如何看待幸福呢？

我不太喜欢连篇累牍地谈论幸福，首先是因为我对幸福的理解不大透彻，其次我觉得它在我身上是一种迷信。我不太在乎幸福这回事。我以前经常思考这个问题，但我感觉在自己的书中从未谈论过……或许是因为我不需要它。我认为它不是生存条件中不可或缺之物，不是必需的，甚至我敢说，也不是正常的。人类和动物一样，体验到完美的幸福状态是不正常的。我不怎么思考幸福这个话题。我没有很喜欢它，也不够喜欢它。

您笔下的人物幸福吗？

也许他们和我一样，对此并无需要。

也许是因为您童年时体会到的幸福与他们的感觉无法一致吧？

对，很有可能。

是否可以说，您曾长时间保持着对童年的怀念呢？

我不认为自己很想变老，也不想让年龄提前。

您是否感觉，类似您在童年时期经历的这种幸福其实相当特殊呢？

如今，没有非凡的运气，已经再也不可能拥有这种童年了！我们当今世界再也容忍不了在地球表面存在这样一个角落，人们能在美满而私密的氛围中远离尘嚣，独自生活。

童年之秘

在我看来，成人的幸福与童年的幸福是完全相反的。您有什么看法？

不要相信小孩子，也不要相信他们对幸福的表述：你很可能不仅弄错了，还被欺骗了。我不相信，一个孩子，能以一种引人注目的方式，十分清楚地表达他自己的幸福或是，也尤其是，他的不幸。你不常听到一个殉道的儿童诉说他的殉难。不对外透露幸福或不幸，这又是关于童年的一个深奥秘密。你要当心！

那就说说您当下的从容吧。

你所谓我的"从容"是什么？不要以为我享受的是一

种特殊的从容。鉴于我的年龄，不妨用更诚实的方式，将其称为一种"放弃"。不，这个词太忧郁了。还是把它称作一种等待吧……我不知道未来会有什么事发生在我身上。我知道自己终有一死，但不知道会怎样死去。我什么都不知道，不过等待并不令我痛苦。我身边的人确实想让我的时间过得快一些，尽量带给我最多的愉悦感。我没法和你说，我也想否认自己在等待。也许这就是从容吧。

茜多毫不犹豫地推翻了儿童世界的脚手架。她用脚踹倒了您的某个兄弟建造的墓地。她毫不犹豫地使她那些犯了幼稚病的女儿找回自己的位置。

是的，她确实具有这种率性，被她身上的真情实感所鼓动，以至于她有时无法阻止自己的行为。她就像一股自然力量，虽然她严防死守，只为不造成伤害，但她并不一定能做到。有时她会伤及他人，但也轮不到我们去责怪她。

在您看来，颠覆儿童的世界会对他们造成伤害吗？

你有一些脆弱的孩子，最微弱的冲击也能在他们身上激起回响，让他们碎裂。必须警惕。需要一份小心翼翼的爱，但我一生中从未见过爱会这样小心翼翼。这样的爱会造成伤害。

关于您女儿的教育，您采取了一种简单的态度。是就是，不是就不是！换句话说，稳固权力，剩下的顺其自然。

是的，这是真的。因为工作的关系，我必须把我们的活动区域限定在乡下和别处。

"在这儿，我一心工作。在这儿，我需要安静。但是，在外面，整个世界都是你的。你可以爬到墙上，可以从树上掉下来，可以在外面为所欲为。"她甚至学会了放牛。她才六岁就擅长牧羊了，而且掌握了必备的词汇。是的，我限定了活动区域。我试图让她尽量少说谎。但你无法阻止一个孩子说谎。那会是对他们人格的侵犯。

在您看来，有没有对孩子们而言的"不良书籍"呢？

如果只考虑自己的情况，那我不得不告诉你，我没有发现手头的读物有任何妨害。我不认为它会对我造成多大的伤害。我们能不能让所有的孩子都这么做呢？我没有读过儿童读物。我远远地推开了塞居尔伯爵夫人[1]，推开了整个粉色书系[2]，推开了大部分给孩子准备的书籍，我本不想说的，我

---

1 塞居尔伯爵夫人（Comtesse de Ségur，1799—1874）：俄裔法国作家，在19世纪50年代出版了一系列儿童文学作品。

2 粉色书系：19世纪50年代法国阿歇特出版社为六岁至十二岁儿童推出的插图文学作品，是当时最著名的儿童读物，至今仍在发行，封面以粉色为基调，故而得名。

对这些东西有一种神圣的恐惧。

这是您的性格和客观心态的某种基本特征吗？但您怎么会拒绝那些普遍来说对孩子们而言无比奇妙的东西呢？

我不喜欢它们。而这句话，对我来说，就是回答。相比那些专门为儿童准备的文学，我想看看那些远超其上的作品中的画面。因此，也包括佩罗[1]的各种《童话》，插图由居斯塔夫·多雷[2]绘制。我必须向你坦白，我没有读过佩罗的童话。我只看过图片。

我父亲不想当向导

在阅读《茜多》时，我们会被您的父亲在家庭生活中所扮演的次要角色所震惊。他在家中只是一个图案，对于你们中的一部分人来说也许是一个朋友，但并不像在许多家庭中那样是个必不可少的人，必不可少的人显然是茜多。

1　夏尔·佩罗（Charles Perrault，1628—1703）：法国作家，《睡美人》《小红帽》《灰姑娘》等著名童话的作者。

2　居斯塔夫·多雷（Gustave Doré，1832—1883）：法国画家，一生中曾为大量文学作品绘制插图。

我的父亲，由于他特殊的性格，拒绝——是的，"拒绝"，这个词并不算太过分——成为他孩子们的向导。他不仅没有这么做，不仅不是这样的人，而且他还不愿意这么做。是不是因为他对每个人的自由以及他本人的自由都过分尊重了呢？

难道不能把您的一部分性格归结为，您在很小的时候没有受到过这位大多数孩子熟悉的父亲的影响吗？

有人能够挣脱茜多的影响吗？我们没法逃避她，也没想过要逃避她。如果说，不久之后，我对于她语言和行为举止的描述比我本该写下的内容更自由，这正是为了显得更自由，并不意味着我摆脱了她的影响。

但您事实上如此自由，极少受到您父亲个人影响的束缚，您可以读任何书籍，可以外出，可以随意玩耍，可以与您的父亲近乎平等地讨论问题；这也许解释了您文笔里自由的气度、语气和风格的形成原因。

你这么认为吗？如果我终于变成了真正的大人物，我一定会很高兴的！

何必"谦虚"呢？

这不是谦虚，是开玩笑，也有可能，是我的一点自卑情结，时不时冒出一点尖尖的苗头，一点蛇形的苗头。现在我仍然没有从中康复。

形容词太多了！

我们还记得，有一次您和父亲讨论他的文学作品，是一首诗，当他询问您的意见时，您回答道："形容词太多了！形容词太多了！"

是的，那时我大概九岁。但从那时起，我就常常会受到一种"惩罚"。不久前，有人送给我一本很薄的小册子，里面收录了一首"颂歌"——我想是献给保罗·贝尔特[1]的颂歌——是我父亲早年的作品。不得不说，当我试图改正自己的一些缺点时，最主要涉及的是标点符号问题，也就是滥用或倾向于滥用破折号。这本薄薄的小册子，是由父亲的诗句——华丽的诗句——组成的，过去我对它根本不了解，父亲也从来没给我看过。读完这本小册子，我豁然开朗：我注

---

1 保罗·贝尔特（Paul Bert，1833—1886）：法国政客。

意到，在这本不知名的作品中，破折号太多了！因此，这种毛病很不幸是我从父亲那里沿袭来的，是他传给了我！他没有时间自我纠正。这次阅读经历对我来说并不算浪费时间，只要有可能，我就会继续划掉文中的破折号！

您今天对《茵多》有何评价——当然，是指作品本身，以及您塑造这个角色的方式？

我已经竭尽了我的绵薄之力。但我依然要小心翼翼。我想，就像人们说的那样，她在某个地方盯着我们！我必须小心翼翼，不能对她过于谄媚和恭维，因为这样做也许不会让她高兴。她总是对我说，除了灌木和杂草，她在夏蒂庸-科里尼的坟墓上什么都不想要，因为她根本不喜欢那些小花盆。然而，在她的坟头，在那块精心打理过的石板旁，我还是种上了一株小皇后菊，一株小灵芝，一株不知名的小花，而她根本不想要这些！我的内心仍有些不安……

蔑视死亡

通过回忆您母亲的性格，您引出了一个关于您和您笔下人物性格的问题，我称之为茵多的悲观现实主义，它笼罩着您本人作为作家的表达方式。您的母亲以明确、犀利、从容的眼光直面死亡和存在的本质。而且我觉得您的文字也体现了对于死亡、生命、友谊和爱的这份感悟，就像您母亲的体会一样。您不觉得吗？

你让我看到了最得意的——当然是对我自己来说——我所有抄袭里面最得意的作品！

抄袭？不！这是一种升华和想象力的标志，反映了苘多最深刻的念头。

我很愿意相信你！如果这是真的，我的确会觉得美满。我不怎么用"幸福"这个词，也不怎么用"美满"这个词。不过这一次，我愿意接受！

您听过您的母亲谈论死亡吗？

喔！带着不可思议的轻蔑……喔！听过一百次，没错。她不喜欢赋予死亡华丽的装饰，尤其不喜欢用活物祭奠逝者。她不喜欢这样！所以她不希望在自己的坟墓上摆放鲜花。她过去总说，花不是给已故之人的，而是给在世之人的！她不喜欢人们在老先生、老太太或者任何人去世时特意收集那些生机勃勃的鲜艳花朵。

在《茜多》中，她拒绝为葬礼采摘鲜花。

喔！黄蔷薇的花朵。她永远不会把它们送人！但偶尔，她会用它们祭奠一个孩子，或者一个女人。

请允许我问您一个问题，让我们的谈话真正落到实处。柯莱特女士，对您来说，生活有意义吗？

有，而且我甚至认为有独一无二的意义。生活只有一个方向[1]，那就是远离生活。你说的意义是指什么？

好吧！我想知道，对于作家柯莱特来说，以及对于柯莱特女士本人来说，生活中是否存在某种本质性的想法、观念或者看待事物的方式，被她遵循，成为她的目标，她的极限，同时也是她的一贯态度呢？

喔！我看你今天提到了一些严重的话题，我毫不犹豫地说，这个话题已经超出了我的能力范围。生活的意义？我们有时间去发现或者干脆创造一个意义出来吗？我想，就我而言，生活很早就习惯于粗暴地对待我，真的，冒着我被当

1　在法语中，"sens"一词同时包含了"意义"与"方向"这两种意思。

成一个消极生物的风险，而我除了像魏尔伦[1]说的那样任由它发生，别无他法。

但是，在您经历的这段人生起伏之外，对于您来说，难道没有更深层的理由或更高的目的吗？

啊，我确实希望有更深层次的目的，但我没有发现也没有寻找过。

我以为您要回答我说，生命的意义对您来说在于一切感官享乐。

喔！不，我不能让自己局限于这方面。我天性不够开朗。我还不够快活。

也许有人读了您的书，会认为柯莱特天性开朗快乐。

我可以成为乐观主义者，但我并不是很快活。我不想，也从来没想过要变得比自认为的更加快活。我想我在哪里写

1　保罗·魏尔伦（Paul Verlaine，1844—1896）：19世纪下半叶法国最著名的诗人之一。他在一首诗作中曾经写道："我充满爱的激情。该怎么做？任由它发生吧！"

过，对我来说，快乐是比我周围所见更严肃的东西。即便到了现在，我也不认为我的看法会发生多大改变。

我不配参与政治

为了补全这个见解，我想问您，人类经济和社会方面的问题能否引起您的共鸣？

哦！我的上帝……如果你强迫我去想这些问题，也许你会让我变得比我自以为的更加忧郁。算我的运气也好，不幸也罢，我的一部分人生是在一个与政治息息相关的世界里度过的，而且，我的天，我并不觉得这东西有意思！那种看待事物的方式无法令我满意。我不配参与政治。

在您的小说中，我们还没遇到哪位主人公，操心别的事情更甚于操心他自己——操心他自身的境遇。那些撼动过这半个世纪的重大事件或根本问题，在文本中从来都没有相关影射。

是的，这些都是让我害怕的东西。它们不仅可能让我真正陷入忧郁，还会使我感到恐惧。我重复一遍，我不明白，为什么对于个体来说，生命几乎只有政治意义。不，我不配参与政治。

话虽这么说，还是让我们来关注一下问题的核心。我们要谈谈您对唐·璜的看法，他是《这些享乐》[1]（1932年）中的象征性主人公，这本书后来成为《纯洁与不洁》——一项关于快感和恋爱心理的研究。您写道："诸种感官？为什么不是'单一'感官呢？这将更有节制，而且足够了。单一感官：其他五种潜藏的感官在远离它的地方冒险，它用一阵颤抖召唤它们——如同水下生物授予的飘带，轻盈却能引起荨麻疹，一半是水草，一半是手臂［……］。感官，是难缠的领主们，像过去的王子们一样无知，它们只学习必要的知识：隐瞒、仇恨和命令。［……］很可惜，本书会谈到享乐。"这本书也是对唐·璜的一种构想吗？

首先，我不认为一个人能像唐·璜一样，仅靠爱情的纠葛就能取得伟大的成就。我看不出他有任何机会通过爱情成长。恰恰相反。

---

1 《这些享乐》是柯莱特出版于1932年的作品，其中关于唐·璜的部分构思可以追溯到1910年前后。她与英国女诗人蕾妮·薇薇安的交往也引发了她的思考。柯莱特还阅读了马塞尔·普鲁斯特的《索多玛与蛾摩拉》，认为他对蛾摩拉的理解有误，这也成为《这些享乐》的写作动机。柯莱特在这部作品中主要谈论了女性性欲、同性恋等问题。之后，在1941年，柯莱特对文本进行了修订，并重新命名为《纯洁与不洁》。

享乐之主

您借您笔下的唐·璜之口这样解释他对女人的态度："在享乐中做她们的主人，却永远无法与她们匹敌，这就是我不原谅她们的地方。"

这是我的一个老观念：嫉妒的状态，也就是所谓底层欲望的状态，适用于一个男人面对一个女人，这个男人让她感到"幸福"——我使用了一个……合适的词。

那您如何想象唐·璜在女性圈子之外的伟大之处呢？

我跟你说过我对唐·璜的伟大有过什么构想吗？《这些享乐》中的某个人物回应说："达米安，您认为您给女人，给大多数女人留下了什么记忆？"他睁开灰色的眼睛，在半闭的眼睑之间，他的目光通常保持着分寸。"什么记忆……肯定是欲求不满的滋味，自然是这样。"这是伟大吗？

您把唐·璜放在什么位置？

如果我今天想稍微有一点幽默感的话，我可以回答你：放在胯部。

唐·璜试图占有一个人吗?

我相信,他追求的主要是一种对某个人予取予求的幻觉,但他无法饶恕对方曾由于他而感到幸福。

在您看来,唐·璜只是享乐的奴仆吗?

别无出路了。他必须对自己说:下一个,下一个,下一个,我的天啊! 难道永远都不会结束吗? 在内心深处,他对自己的猎艳乃至成功都不会感到幸福的。

您有一句话,从独到的角度阐明了唐·璜的精神状态。您写道:"对于一个情人来说,对权力的执着会不会等同于对无力的执着?"

被迫去勾引,被迫去成功! 也许在他作为唐·璜的一生中,他想要的曾是一栋道口看守员的带花园的小房子吧!

如果唐·璜失败了,他会幸福吗?

没人告诉过我们。我一直想写一篇关于唐·璜晚年的小研究,但我现在已经没有这个打算了。我不会再写了。

而且，您很难想象衰老的唐·璜。您宁愿他死了。

嗯！但我认识一些唐·璜的替身。我认识一个唐·璜，至少在他的日常生活中，他还没有经历过失败。他辉煌地度过了六十六年，拥有一个对他无限忠贞的情妇，是一个二十四岁的迷人年轻姑娘。

您笔下的一个人物，被您称作"查尔斯·S."，我们对他知之甚少，您曾借他之口说了这样一句话："难点不是从一个女人那里得到她最后的欢心，而是在她已经满足你的愿望时，阻止她与你建立家庭。除了逃跑还能剩下什么选择呢？唐·璜为我们指明了道路。"

我的一个朋友就是这段话的作者，说真的，这段话不容轻视。我们不能阻止女性想要成家的愿望。要阻止一个女人和一个打算与她共度一段美好时光的男人成家非常困难。他们不是同一个物种。

除了逃离就没有别的办法了吗？

唐·璜这个男人，一辈子跟女性相处的方式都不正常。他已经变得厌女了。

孤独

一旦取得胜利，就不会再有对抗了。他对什么都提不起兴趣，然后便走了吗？或者恰恰相反，在得胜之后，他发现自己孤身一人，于是很自然地离开？

是的，他很自然地离开了！

所以，这场战斗时不时地让他觉得自己不再孤独，让他觉得找到了适合自己的征服方式。他要逃避的是孤独吗？

是的，但这样很好。

您觉得享乐在唐·璜的生活中占有多大的比重？难道对他而言只有享乐吗？

是的，姑且称之为享乐机制吧，但我不认为他在拥有过那么多经历后还能保持他那些幻觉！

的确，您写过："在快感形成的习惯与吸烟的习惯之间，恐怕并没有足够大的差别。"

或者是软毒品形成的习惯。我想，很多并没有不屑于跟我推心置腹的男人可能会告诉你，对享乐的训练是一种体操。

您觉得唐·璜能让某个女人幸福吗？

可以让一个非常愚蠢的女人或是一个聪明绝顶的女人幸福。有吗？我想是有的。

您笔下的唐·璜确实早夭了。

在他还没来得及年老色衰的时候。

也就是说，在他不再能吸引女性注目之前？您把他设想得既英俊又聪明吗？

我想人不可能既是唐·璜又是伟人。

"花花公子"

他是个害怕变老的"花花公子"吗？

唐·璜是种马吗？真正的唐·璜并不存在，起码我不这么认为。

他为什么要选择女人来"填充"他的孤独呢？

的确，为什么没有出现一个同性恋的唐·璜呢？

您笔下的唐·璜能够与男人或女人建立真正的友谊吗？

友谊是他的避难所。在他看来，友谊能让他稍做休整。通过一对一的决斗，通过拯救朋友的性命，他有能力维护友情，也能为友情做出牺牲。

一个女人能成为唐·璜吗？您提到过蕾妮·薇薇安——她并不像她的外表可能会让人误以为的那样是个长舌妇——她可能拥有一个与唐·璜相似的灵魂？

小可怜！一点也不是。她具有一种让人没法生气的天真——这也正是她最迷人的地方。我和她有过一段十分愉快的长期友谊。马塞尔·普莱沃斯特[1]提到过"女唐·璜"这

1　马塞尔·普莱沃斯特（Marcel Prévost，1862—1941）：法国小说家、剧作家，1922 年发表《女唐·璜们》一书。

个说法。

是的，一个收集男人的女版唐·璜。您认为，相比男女之间，在两个女人之间，会有更多的相互理解，精神会更加统一吗？

也许吧。存在一些特殊情况，但能否持久呢？不，持久不了。

那么"异装者"该如何解释呢？

异装者？我记得有一位歌舞剧场导演曾说过："异装角色从没有为女性增光添彩……借助异装并不会带来真正的成功。一位穿男装的女性，无论她的才华、职业和身姿多么出色，都不会取得真正的成功。"

您对那个围着您所谓的"女骑士"团团转的小圈子有什么看法呢？

一个有点可怜的上流社会小团体，是剧院人士和运动员的混合体，他们奢侈地给自己配一匹马、一辆轿车，总是对那些讨喜而冒失的女性寸步不离。在这些女骑士身上最常发生的事情是：一场相当天真的女性危机，她们陷在扶手椅中泣不成声，肝肠寸断！当时正是"女权主义者"的时代……

战后，从1918年到1928年，以世俗社会中女性的觉醒为标志，您似乎在谴责当时的那些生活方式？

可以这么说。尤其是对"女唐·璜"的态度。

您曾让您笔下的一位女主角这样说道："除了关于爱情的抽象概念，我没有感受到爱情中存在任何确凿之物。"

我想，她的一生都在失望中度过。

在您的小说中，您是把她当作某种"女唐·璜"来塑造的吗？

她本来可以是的。

您是如何想象出她的？

她是性别错误的化身。在我所定义的"性欲匮乏"面前，她柏拉图式的恋爱、她想要露面的欲望、她的天真烂漫，都不免让人感到难堪而又感动，这是她真实自我的底色，是我了解的她。

五十四年的友谊

我们来谈谈您的一位挚友，玛格丽特·莫雷诺，您在《纯洁与不洁》中为她描绘过一张非常友善的肖像。

五十四年的友谊！那是我们的青春，但我认为我们的友谊开始得太晚了！我崇敬玛格丽特·莫雷诺的人格，她这个女人，命中注定几乎了解我所不知道的一切，她遇到了马塞尔·施沃布并嫁给了他，而马塞尔知道剩下的那些我不知道的一切！

你们经常见面吗？一般都聊什么话题？你们一起度假吗？

她没有足够的时间跟我一起度假。我们在各自的公寓里见面。她也经常搬家。我们明白，我们今天来这儿，不久就会去别的地方！她有一种独特的生存方式，既看破一切又充满勇气，让所有人都佩服。晚年她决定以喜剧演员为业，但事实上，十五年来我一直在跟她讲："玛格丽特，这是你的位置。作为一名喜剧演员，你是独一无二的！你不用担心太多！你的事业大局已定！"她以前一直很穷，后来她的事业就像我坚信的那样获得了成功，当初她偏偏不相信我。有一天，有人找她出演第一个角色，她唯一的任务就是让人们微笑甚至爆笑。我说："玛格丽特，答应吧，答应吧。"我是个糟糕的顾问，至少她是这么认为的！

您最欣赏玛格丽特·莫雷诺身上的哪种特质？

我可以回答：无私。

那你们有什么共同点呢？

我们都有能力为了一个人放弃一切——真的是放弃一切！

在我们对唐·璜的审判中，我们是否可以记住您作为笔者的证词：这种能够达到忘我地步的无私天赋，会让你更容易接纳唐·璜吗？

也许唐·璜还没骗够我呢！

母猫

1933 年,《母猫》[1]出版了,其中的主人公是阿兰、他的母猫以及他的妻子卡米尔,这本书里有一句话:"唯有阴影中你才有对手。"这句话是否体现了某种爱情理念呢?

我只是觉得,阿兰知道,没有任何不纯洁的东西能附身在如此完美的动物身上,另一方面,和他年轻的妻子在一起,他能够也应该沉浸在一切被称为"爱情"的消遣中。就是这样!

对于阿兰来说,他的母猫,正如他自己所说的那样,"是一个无可指摘的小小造物"。他在孤绝中爱着这个生灵,就像人们在睡梦中相爱。

可以这么说。

是不是因为腼腆,您才把一只母猫和一个男人作为小

---

1 《母猫》是柯莱特发表于 1933 年的一篇短篇小说,故事描写了年轻的丈夫阿兰、他的妻子卡米尔以及他养的母猫萨哈之间的"三角恋情",卡米尔喜欢阿兰,阿兰似乎对卡米尔的魅力无动于衷,他更喜欢他养的猫。

说主人公，以此来表达一种伟大的爱情呢？

我陪伴过很多猫咪，从出生直到它们短暂生命的终点，我始终认为，猫具备在小说中成为主角的一切条件。

甚至能够表达或者唤起伟大的情感吗？

当然。

阿兰对他的母猫的爱以及能够将男人和女人结合在一起的爱，还有那种把艺术家和他的作品、把收藏家和一个独特物品联系在一起的爱，您认为三者在情感的质量和深度方面是否有相似之处呢？

在质量和深度方面？当然有。但我看不出阿兰的爱有什么不寻常的地方，甚至没有什么出奇之处。

按照您在小说中的设想，如果阿兰没有养猫，他会不会爱他的妻子卡米尔呢？

我想，如果他没有养猫的话，他就要花更长时间才会意识到这个女人并不特别适合他。

一个不一样的女人会更适合他吗？

喔！会的。我们也希望他之后会遇到一个女人，让他能够幸福地保留大部分幻想！

您认为一颗心能容得下几份爱吗？

我认为二者不能同日而语。我没发现这两种爱之间有什么相似之处。

您觉得阿兰对妻子的爱和他对猫的爱是完全不同的吗？

自然是不同的。

但当他对妻子说道："你是个怪物。你想杀了我的猫。"他对母猫的爱超过对他的妻子吗？

我并没有在归纳什么。我只是负责处理这个人物，刻画他那种我所谓"对动物的偏爱"——这是关于母猫的问题！

是关于爱的问题吗？

有个人——不需要透露姓名——曾对我说过，我是个怪物，因为我偏爱（或者表现得偏爱）一只母猫。是的，这话是冲着我说的！在这部小说中，我想把人对动物的依恋以及动物对人的依恋到底可能是什么样子表达出来。

为了让您的回答和您对小说的理解显得更加充实，您能否为我评论一下这个说法，它被您归入您的一位朋友之口——在他看来，对被爱者的占有会降低爱情的质量（实际上这是您借他之口说的），您是想说，在爱情中最好不要占有自己所爱的人吗？

最好的解释办法莫过于送给你弗朗西斯·卡尔科的一句话，有一天我曾听他随口说过，我一直没忘记：在一次足以表达他苦闷心情的谈话过程中，他大喊道："啊！永远不应该和自己爱的人睡觉。这破坏了一切。"

我之前暗示的就是他。那么您的看法是什么？

我不会告诉你我的看法。

但善与恶不一定被容纳在是或否之中。您为什么不让我们知道您与众不同的思考方式呢？卡尔科的立场似乎很难与您在作品中所表现出来的内容以及您的生活相调和。

它是可以调和的，不过如果它像你说的一样不可调和，它照样长久存在！

如果您笔下的唐·璜拥有一只母猫，他会体验到某种恋爱模式吗？

相对于某些女性的奔放，他应该会喜欢母猫身上的谨慎。他一定会欣赏母猫的沉默和忠贞，你对它的思考还不够充分。

因为您的唐·璜可以爱上忠贞吗？

当然！他怎么能不爱忠贞呢？忠贞离他那么遥远，或者离得太近了。

您如何评判阿兰对他的母猫的感情？这种感觉属于您所谓的纯洁吗？

当然！

您已经说过，阿兰的感情既不出奇，也不异常。如果再加上："这是一种纯粹的感情"，那么我们现在就多少知道什么是纯粹了。

是的，这是一种纯粹的感情。你向我提出的问题，以及你对我的回答表现出的无知，都证明你从来没有养过母猫。你已经被剥夺了养母猫的权利。你要知道，在某些动物中，雄性和雌性之间存在着非常大的差异——以至于有时你会认为它们属于不同的物种；在雄性和雌性之间，感知方式、爱恋方式、生活方式是如此不同，我再重复一遍，你会认为它们不属于同一物种。答案就在能把一个人与一只特殊的动物联系在一起的眷恋之中。

作为"主宰"的母猫

阿兰喜爱他的母猫胜过喜爱他的妻子。他选择了一个在某些层面上无法对他的付出做出任何回馈的生物，而如果他知道这一点，如果他想要理解他的妻子，如果他做出了正确的选择，那么他的妻子本可以将他付出的一切都回馈给他，并且与他建立真正饱含爱意的交流。

是他的妻子做出了选择，并给了他更喜欢母猫的机

会！也许他原本不会亲自做出这个决定。是他妻子的笨拙迫
使他这么做的。

　　这位年轻的妻子，错就错在太年轻了，或许可以说是
出师不利，她非常顽固，就像那只总是向"主人"索取
更多的猫一样，她企图制服它，差点让它"窒息"。小说
的名字叫《母猫》，把一切都表达得很到位。只有猫才是
"主宰"。

　　母猫不提要求，我也不认为它有什么不可告人的想法。
淫秽的思想或许是不可告人的想法。母猫没有不可告人的想
法，但少妇有，或者更准确地说她什么心思都有。

　　在阿兰的新婚之夜，年轻的妻子一丝不挂、毫不羞涩
地来回踱步，您形容阿兰当时很腼腆，您如何评判他的反
应？他给她递去了睡衣！这是他们二人之间出现的第一道
裂痕。

　　我认为男人有时会有一种腼腆的反应，这是最基本的
腼腆。

这个人是一只公猫

阿兰的反应是不是证明他的性格和母猫很相似？阿兰甚至从他最简单的反应来看都是一只"公猫"，我想问您，在阿兰身上，以及在他对母猫怀有的爱意中，那种由腼腆和不妥协、顽固与贵族气质组成的"公猫"个性，您没有试图去加以表现吗？

我把他放进了，如果我可以这么说的话，"公猫"这一栏里面。我们经常听到人说：这个人像山羊；那个人像牛头犬；那个人像马。

您小说中的情节是否受到了真实情境的启发呢？

喔！没有，不过小说后来变成了现实！我去看望一个朋友时，发现一只母猫身上缠着绷带，就像我当时养的那只母猫一样。我问门房："她是不是生病了？""没生病。这是个怪事。一个年轻姑娘，住在八楼，把她的猫从窗口扔了出去。"我很吃惊。我说："你说什么，从窗口？""是的，"门房说，"是某小姐，是她推的。她把猫从窗口扔了出去，但它挺住了，现在我们正在努力治愈它。"就是这样。有人帮我构思了这篇短小的小说！要比它在《晨报》上开始连载早得多。不幸的是，那只猫并没有痊愈。几个月后它就死了。

《二重奏》[1] 中的缺陷

《二重奏》创作于 1934 年，是一部关于背叛的小说。我们都了解艳遇。一个男人发现妻子背叛了他。这是一场无足轻重的出轨，她告诉他："我刚从病痛中康复。我对病床边的朋友充满信任，我不知道自己是怎么屈服的。"然而，丈夫的世界却在崩塌。您写道："她只能把自己的过错当作一件不可原谅但无足轻重的蠢事。"您认为一个女人可以欺骗自己深爱的丈夫而毫无悔意吗？欺骗自己深爱的人能够无怨无悔吗？

没有悔意？更准确、更接近我思维方式的说法是：悔恨可以或者说应该只持续一段时间！类似于悔恨一季，然后，我的上帝！她是个女人！她即使不能忘记，至少可以看到自己过错的严重性在一天天降低！

---

1 《二重奏》是柯莱特发表于 1934 年的一部作品。故事中，阿丽丝与米歇尔是一对结婚十年的夫妻，他们去乡间别墅度假，这时米歇尔发现了阿丽丝的一封信，其中透露出米歇尔的合伙人安布罗吉奥曾经做过阿丽丝的情人。米歇尔感到嫉妒和愤怒，而阿丽丝则劝说他忘记这段往事，认为这段纯肉体的短暂关系在她的人生中无足轻重。但米歇尔思考许久之后认为自己的生活已经天翻地覆，无可挽回，于是选择了投河自尽。

于是过错就变得不重要了，也许不可原谅，但无足轻重了是吗？

不可原谅，但无足轻重！……是的。

在您看来，欺骗自己爱的人并不构成某种决定性的谴责吗？"这件事"怎么可能既不可原谅却又无足轻重呢？

是的。阿丽丝欺骗了她的丈夫，这也许是丈夫的错。在很大程度上丈夫可能也有罪，罪在疏忽和忘记，罪在一种背叛，是男人们最初告诉我们那些背叛根本无足轻重！

我不知道米歇尔这个丈夫是否帮助妻子欺骗他，但在您的小说中，您展现了米歇尔对妻子的爱。一个人能欺骗另一个他爱和爱他的人吗？

过错可能会变得无关紧要，但我不认为它可以被原谅。也许会逐渐变得能原谅吧。我告诉过你：有属于忠诚的季节，也有属于背叛的季节。但是，一个人当然能欺骗他爱和爱他的人。

我想我们正在进入一种让您颇为珍爱的解释模式：季节。您到底指的是什么？

我本希望"季节"这个词能让我摆脱一点麻烦，但我看根本没有！季节？它们是心理上的！一个生灵拥有属于它的各种季节。

某种程度的对不纯洁的癖好吗？

我想，在我这篇短小的《二重奏》中，阿丽丝是立刻产生了一种感觉，觉得自己的错误无足轻重，不过我相信她一定后悔犯下了这个错误。她肯定对自己说过很多次："这不值得。"她从中得到的快乐一定无法弥补她事后可能感到的苦闷。

是这样的。她后悔犯错是因为自己的过错造成了后果，而不是因为过错本身？

我想是的。

一个女人或男人可以满足于误认，这难道不严重吗？我们知道这是可能的。您在小说结尾处论证了这一点……我们每天都在目睹，但请您详细说明您的判断。爱情只是对爱情的戏仿吗？

什么叫"对爱情的戏仿"？

在已经欺骗了或者正在欺骗一个人的情况下还继续爱着这个人。

你应该拿这个问题去问一个男人。他马上就会有看法的！我称之为"爱情的暂时破产"。

所以，忠贞不是爱情资质的必要条件，不是其不可或缺的基础吗？

不是，但那样更好！我们最后会发现，忠贞，在其曲折的过程中，甚至从结果上来看，都比不忠贞要更方便，也更……我想说的是，这是一种卑劣的实用性。

我们都知道特里斯坦是爱与激情的英雄，但还是接受了伊索尔德与国王同床共枕的事实[1]。我们知道，不管怎样，他接受了国王，相反，国王在知道伊索尔德心系特里斯坦时却只想

---

1 特里斯坦与伊索尔德是凯尔特人的民族传说，中世纪形成文字，1865年被德国著名音乐家理查德·瓦格纳改编为歌剧。故事情节大致如下：在一次两国的战争中，特里斯坦杀死了敌对国伊索尔德的未婚夫，自己也受了重伤，化名坦特里斯，得到了伊索尔德的救治，但被后者发现了他的真实身份，她举剑想要复仇，但特里斯坦的眼睛睁开了，她爱上了他。国王马克要伊索尔德回国当王后，特里斯坦与伊索尔德在国王眼皮底下幽会，最终被国王发觉，特里斯坦被国王的随从刺伤，回到祖地，最终死在伊索尔德怀中。伊索尔德也随之逝世。提问里涉及的情节可参考瓦格纳歌剧的第二幕。

复仇。问题在于真爱能否接受共享，特里斯坦是完全接受的。

我还不够喜欢特里斯坦。这位伟大的英雄属于一种我不太中意的文学。关于我们面对的这个问题，存在一个伟大的答案，唯一的答案：因为是他，因为是我！

嫉妒：一座监狱？

当您笔下的主人公米歇尔得知自己的不幸遭遇时，他的第一反应是向他的女仆、朋友和村里所有他认识的人隐瞒实情。嫉妒是否仅仅是一种社会需求或是一种性格方面的现象，还是相反，是基于一种更绝对的情感呢？

我想你可以把嫉妒放在你最喜欢的分类里面。不过，它确实是人类可以得到的最强大的精神毒药之一！

换句话说，爱情是嫉妒的另一极？

我想是的。这一次，我回答得简洁明了。我想是的。

然而，您让阿丽丝说过："如果我的丈夫爱我的话，他就必须要忘记。"遗忘是健康的吗，是正常的吗？当人们相爱的时候，这种处理方式正常吗？

不，这既不健康，也不正常，更不可能，但总要去拯救一个男人和他的羞耻心。也可以装作不知道。

无论如何，您的主人公没有装作不知道，因为他自杀了。与之相反，阿丽丝希望他能忘掉。在我看来，这显得特别女性化，而且我想请您告诉我，您是否认为阿丽丝真的爱她的丈夫。

当然了！以她女性的方式，以她保护者的方式。

米歇尔很清楚，十年来，他的妻子都完全属于他。她只骗了他三个星期。她不会再欺骗他了——我们可以相信她。但这种背叛让他无法忍受，他宁愿去死。

他宁愿去死，因为"他"的嫉妒心已经无法承受了。一个人可以忍受身体上的钝痛，但不能忍受灼烧的心痛。可怜的米歇尔，如果他再等上二十四或四十八小时，也许他就会获得不去自杀的智慧了！

在您看来，米歇尔的自杀是对爱本身的否定，还是相反，是他能够对爱给出的最迫切的证明呢？

既是一种愚蠢，又是一种鲁莽，是无力承受插进指甲里的刺！

如果我理解正确的话，您和您笔下的女主人公对她的丈夫一样苛刻。阿丽丝绝对在谴责米歇尔。她不理解他的自杀行为。而创造并杀死他的小说家却说，米歇尔是一个软弱的、应受谴责的生灵。

一个除了爱，没有任何天赋的生灵，在看到自己的爱崩塌的那天，世界也同时崩塌了！可以想象，爱情是生命的基本意义之一。

用别的方式结束小说很容易。您为什么要杀死他呢？

也许是出于一种"母性"的凶残？

您是否认为对于女人来说，感官和享乐足以让她们触及爱情这种被认为是在绝对层面上的情感？

这种享乐，她付出了如此多的努力和暴力，时而还要付出如此多的抒情心绪去呼唤它，如果她没有发现自己原本无须如此，那么我可怜她！我们以前会这么写："女人太无知了，她们认为贞洁是一种灵丹妙药，我们无法改变她们的信念。"这是不是一个挺好的答案？

我最喜欢的小说

1941 年，您出版了《朱莉·德·卡尔内朗》[1]。相对您的全部作品，您赋予该作怎样的重要性呢？

关于这部小说，甚至包括《第三者》[2]，我到目前为止还保留着一个也许有些荒唐的想法，我觉得它们属于我构思最为精巧的小说之列。

是在风格或人物塑造方面吗？

我觉得这两部作品离我自己满意的标准并不太远。

---

1 《朱莉·德·卡尔内朗》是柯莱特发表于 1941 年的一部小说。女主角朱莉与艾斯皮万离婚之后，旧情复燃，并合谋骗取年轻的新一任艾斯皮万夫人的财产。后来她发现自己也同样是前夫的诈骗对象。最终她选择回到家族庄园，与自己的兄弟和马匹生活在一起。

2 《第三者》是柯莱特 1929 年出版的作品，描述了一个三角恋的故事：两位女性同时爱上了一个男人，但面对男人的放肆，最终两个女人之间结成了友谊。

您是不是特别欣赏朱莉的性格？

在这样的人身上，我体会到了一个作者在他所能构思出来——或所能了解的人身上体会到的东西，但我自己可能无法成为这样的人。

您对某个人物的这份崇拜，不就是因为他的某些性格特征属于您曾经的挚爱之人，或是源自某种对于您曾经渴望的生存方式与态度的想象吗？

我这辈子都不可能成为朱莉·德·卡尔内朗。实在是太难了。这样一个不得不不停战胜生存的艰辛、战胜自己的女人，最好还是想象她并欣赏她吧。

除了她倔强的意志，朱莉·德·卡尔内朗身上有哪些性格特点对您来说特别有诱惑力，以至于这个人物经由您的小说，成为现实中的人，就像您可能遇到的人一样？

让我们进入话题的核心：朱丽·德·卡尔内朗最后的结局是什么？屈服于一个配不上她的男人的意志！她先是提防他，继而服从他的一切要求，而且她还乐在其中！

难道不是很令人惊讶，很矛盾吗？这是您浪漫的女性理想吗？

她是个女人！她的"女性狂热"曲线幅度很大，既像棱角，又像体温记录图上的标记。而且，当一切为时已晚，她便承认了自己的弱点！

朱莉的社会生活为什么会失败？她拥有成功所需的一切要素，比如她的性格和能力。但她的"女性事业"几乎是一场彻底的失败。

是的，我很担心她！现在为她惋惜有点晚了，但我必须指出，她属于那种一生只认准一个男人的女性类型。这是她最大的弱点！那个男人把她引上了歧途，一路沦落到了金钱故事的最底端。

朱莉能不能成为克罗蒂娜？

我们不禁会想，如果您任由朱莉老去，她就会变得和克罗蒂娜有点类似。她也遇到了一个男人，在她人生的开端，以一种她可能并不希望的方式引导过她。这是《克罗蒂娜》系列的续篇吗?

我打断你一下。我觉得克罗蒂娜是一个内心过于理智的人,不可能成为朱莉。

您不太喜欢这个问题,但关于朱莉,您的灵感是不是来自您生活中遇到的某些人物呢? 如果说您是凭空创造了她,那为什么要这么做呢?

我觉得朱莉依旧是一个自欺的女人,同时,她也是一个容易骗人的女人。

您为什么要写《朱莉·德·卡尔内朗》呢?

我想要改变。也许我当时有一个隐秘的愿望,想离开我那些宠物,直面一个我还不够了解的大型动物——一种我抱怨对它了解不够的动物——马。我把所有的注意力都放在展现朱莉的那些马匹上。我向那些现在依然存世的"骑手"们请教了很多。

您提到过围绕在您的一位女主人公身边的马的小圈子,您称她为"女骑士"。在您的心目中,朱莉也属于这个世界吗?

一点也不。她是真实的。

想到您写朱莉是为了提及那些马，真是有趣。

我喜欢它们。

朱莉这个核心人物将因此成为次要人物。然而那些马在书中并没有占据什么重要性。

我不敢再往下写了。我已经完成了我的"马术生涯"。它来到我的生命里已经太迟了。我以前曾梦见过马，当然，也梦见过骑马！

"马"这个物种

马这个物种教会了您什么？

可以这么说，我很早就把马当作一份错过的爱情来怀念了！

例如，在性格特征方面，马能教给您什么？

马的脑子里有一种诱人的愚蠢。这种走兽见过最多鬼怪，见过各种不存在的、由它臆想出来的东西。就这样，两个月内，我骑着一匹短租来的马——这样做花钱很多——第一天上路，它看到路上出现了一把让它害怕的钉耙，第二天钉耙就被清理掉了。但它那两个月总能看到那把钉耙，就再也不愿意走同一条路了。这就是我所说的"马匹拥有人类的愚蠢"！

朱莉任由自己被前夫收服的方式，不也是一种"诱人的愚蠢"吗？她看到了另一个人没有投入的爱和感情。

朱莉不是马，而是女骑士。

我们可以佩服朱莉的清醒。她在无序中安排自己的生活，但她是有意识的。她对各种事件做出反应的方式是非常客观的，除了在感情方面她让自己被幻想支配了。我们可以提一下她的性格吗？

她没有足够的底蕴——没有秘密——甚至对她自己来说也没有。我让她保持完全清醒的状态。

朱莉知道与生活抗争，但她在爱情面前解除了武装。

罪恶与背德对她来说似乎是很陌生的东西。

她属于一个古老的贵族家庭，他们往往对自己很纵容，因此也会纵容自己的鲁莽甚至自己的错误。

电影院刚刚把《朱莉·德·卡尔内朗》搬上了银幕[1]。要怎么评价这位"贵族"人物呢？名门中的一员，有帅气的马匹，漂亮的猫狗，占领世界，但拒绝评判自己？

他们占领了世界，然后，就像征服者们经常遭遇的那样，他们又失去了世界！生活本身正在带走他们所征服的东西。

在小说《朱莉·德·卡内尔朗》的结尾处，情况——只有当我们知道您把朱莉打造成了一个出身名门的人时才能真正理解——表明她放弃了，和她的哥哥一起回到了故乡。她本可以在巴黎继续过她的日子，享受她的激情和欢乐，但为什么要放弃呢？为什么偏要离开呢？

这不是一次假装离开。权当是暂时的好了。我们就叫它悠闲的休假吧。

---

1 1949 年，法国导演雅克·马纽埃尔（Jacques Manuel, 1897—1968）将小说拍成了电影，1950 年上映。

您从这次离开中获得的意义，会让朱莉回归自我，放弃她的一部分生活，以便回归故乡的环境。

太迟了。她不能自欺欺人。有她那样的名气和性格的女人，已经不是小姑娘了。

您是如何完成《朱莉》的？您提前想好了几种结局，还是立刻找到了解决这种缺失的办法？

也许我也需要这种缺失。如果我不能为她提供更让她满意的东西……那么，她就别无选择了！

《军帽》（出版于1943年）是一篇很老的小说。它代表了谢里的某种对立面，谢里这个年轻的男人爱上了一个成熟的女人——莱雅，一个真正有个性的女人——后来他自杀了。在《军帽》中，是一位成熟女士爱上了一个年轻男士，一个小男人，碌碌无为的谢里，一个小中尉，他意识到这位女士不适合他，首先就是因为她的年龄，于是离开了她。

我在写《军帽》的时候并没有想到谢里，而是想到了我在《桎梏》中提到的一个真实的故事。为了写出这部小说，我等待了三十二年，直到那位经历了这些不幸遭遇的女人去世。我不想把强烈的忧伤移植到小说的书页上。

您为什么执着于把这段记忆、《军帽》中的这个隐情记录下来呢？您是不是想通过主人公的年龄来描绘爱情力量的其他情形呢？一位成熟女性爱上一个年轻男子，却没有掌控自身的境况，迎接她的将是一场灾难吗？

这样的冒险属于文学作品里永恒的主题！当然，我并不想指责什么。我没有这种意愿。这不是由我来判断的。我和其他人一样身在局中。

黑色孪生女 [1]

五年来，您为《闪电报》《巴黎评论》《晨报》《日报》《小巴黎人报》等报刊撰写影评，构成了一间由这个时代的演员肖像组成的宏伟画廊。您还记得为了完成专栏您涂黑了多少张纸或者草稿吗，还是写起来像您的几部小说一样有时能一气呵成？保罗·瓦莱里说过："第一句诗对我而言永远是送到嘴边的。"您当时的情况又如何呢？

涂改和破坏！我对摧毁的欲望比对构造的欲望大得多。

1　《黑色孪生女》是柯莱特 1933 年 10 月至 1938 年 6 月撰写的一系列评论文章的合集，主要谈论了戏剧方面的问题，并且在她评论的戏剧作品与她本人的戏剧创作之间勾勒出明显的关联性。

让我们来谈谈您关于剧本创作的美好回忆之一，爱德华·布尔代[1]的《艰难年代》。关于布尔代，您曾这样写道："如果我是爱德华·布尔代，我会感到害怕。怕再也写不出与周一晚上米高迪耶剧院水平相近的剧本……戏剧艺术从未以一种如此不做作的语言来表现，从未有一对耳朵能像他的那么灵敏，记录下应该传递给我们的声音，将其汇成一种语言的交响乐……无须像我一样去了解某些外省资产阶级的阴暗色调，就能马上承认华丽的第一幕所具备的真实性，绵长的沉默令人窒息，它的气氛仿佛是仲夏夜的噩梦，是三位关系密切的女人之间的深渊。"而这个结尾唤起了一种您可能经历过的情境："'结束'的必要性应当是一种迫切的戏剧需要，因为爱德华·布尔代本人也没有摆脱这种需要。多半正因为我会成为一名可怜的剧作家，所以我倾向于未完成的剧本，我告诉自己'比起开始，结束的

---

1 爱德华·布尔代（Édouard Bourdet，1887—1945）：法国剧作家，1934年1月30日，他创作的四幕剧《艰难年代》在巴黎米高迪耶剧院首演。故事讲述了1929年金融危机前，杰罗姆为了避免破产，尽一切可能自救。他邀请了过去一直被他看不起的兄弟马塞尔夫妇及其子女来家中消夏，其间一个丑陋的、先天智力缺陷的百万富翁拉罗什向他的侄女安-玛丽求婚，让杰罗姆看到了得救的希望。安-玛丽没有抗拒，在母亲的鼓励下接受了这个安排，只有他的父亲米歇尔表达了抗议，但拉罗什家族随后也发生了经济问题，最终安-玛丽不顾母亲反对成了当红电影明星，救了所有人。《艰难年代》的主题是金钱，通过情节设计展现了金钱对于穷人与富人的诱惑力及其腐蚀精神的能力。

理由是不是更多呢？作者的想象力在这里或那里与人相遇，在他们的花园里，有些人坐在桌边，有些人从熟睡中惊醒，有些人忙于写信，难道剧作者不能偶尔抛开他们，为观众提供一个机会去怀疑，去期待，去任性地构思？'我能想象出爱德华·布尔代面带微笑地回答，'我把所有活生生的人物都交给你。是谁在阻止你跟着我继续这么做，阻止你去追踪这些人物呢？'与其冒着风险，与这个危险的男人闹翻，我宁可直截了当地对他说，'既然如此，我在倒数第二站就离开你，在第三幕就离开你，第三幕配得上前两幕，在马塞尔痛苦失望的那一刻离开你，他惊恐地看到自己女儿心甘情愿让小手被猩猩握在掌中，在一个无比美妙的词语中离开你，我不想在这里引用，免得失了新鲜感——我在离开你的同时，在我这个观众的不健康的思想中，带走安-玛丽与一个健壮的疯子绑定在一起的前景……因为我们这些坐在演出大厅里的人绝不会安之若素，我们能够一辈子谴责那些因社会原因而牺牲的白衣新娘……'"

您提到了一段真正的友谊。德尼丝·布尔代[1]夫人是个可爱的女人，是《巴黎评论》的专栏作家，有一天她问我："您能否向我解释，为什么除了我，您是唯一跟我丈夫互相

1　德尼丝·布尔代（Denise Bourdet，1892—1967）：法国作家，1921年与爱德华·布尔代结婚，定期为《巴黎评论》撰写文学评论文章。

以'你'相称[1]的人？"我略带虚荣地答道："可是，德尼丝，因为是他，因为是我。[2]"

我们还会注意到，在您的诸多评论中，对埃德维格·费耶尔[3]的美妙描述，它可能会让某些人感到惊讶。就是她在多样剧院[4]上演的《我的罪行！》中首次登台那会儿。您写道："埃德维格·费耶尔小姐还不是一名真正的演员。日后她将成为这样的人。她向我们展示了她相当充分的准备工作：寻找适合嗓音音区，有点'夸大'的前臂动作，在喜剧方面的努力，对戏剧的爱好，以及一个不过分精致的扮相。要是她能在一旁看看优秀女演员如何扮演糟糕的角色就好了：马塞尔·蒙蒂尔[5]会教她的。"

为了弥补过错并删除我过去可能写过的内容，我想说，

1　在法国文化中，同龄人之间以"你"相称代表关系较为亲近，常见于朋友或夫妻之间。

2　"因为是他，因为是我"，语出蒙田《随笔集》，蒙田在解释自己与一位好友为什么一见如故时，使用了这个说法。

3　埃德维格·费耶尔（Edwige Feuillère，1907—1998）：法国戏剧与电影演员。1934年在巴黎多样剧院参演了戏剧《我的罪行》。其实《我的罪行》并非费耶尔的戏剧舞台首秀，从1929年起她便开始参演各种剧目。

4　多样剧院位于巴黎，1807年开业。

5　马塞尔·蒙蒂尔（Marcelle Monthil，1892—1950）：法国戏剧与电影演员，在《我的罪行》中出演女主角。

在电影《朱莉·德·卡内尔朗》¹中，她塑造了一个典范人物。

关于让·科克多的《地狱机器》²，您这样写道："受益于独一无二的特权，让·科克多保留了我们早已丢失的东西：内心的幻影。他不考虑禁忌之地，不考虑混乱的道路，不考虑被抹去的门槛……他从容地知晓地狱是某种紫色，他明白尘世间由生至死，就是不着力地压在一面难以描述的镜子的镀锡层上；为了飞翔，只需张开双手，微微踮起脚跟，把自己托付给空气［……］这种确信常常使他摆脱他的敏锐智慧，那是一种神奇的速度，能使读者和听众不知所措，使他回归梦境，不动声色地突飞猛进。我早就该坦率地指出，科克多是一位诗人……让·科克多的大胆独创可以追溯到尘世生活之前。他不创造，但却记得。他轻松地穿墙而过，倒立行走，像弄破纸环一样穿透水镜，这意味着返祖，意味着两栖人或飞人的证书。"

要回忆科克多，我就想在"友情"与"爱情"之间找到一个合适的词语！当年他住得离我很近，感谢上帝！他经

1　1949 年，柯莱特的小说《朱莉·德·卡尔内朗》被拍成了电影，由费耶尔出演其中的女主角朱莉。

2　《地狱机器》是科克多 1932 年创作的一部四幕剧，1934 年在巴黎香榭丽舍剧院首演，内容是对古希腊戏剧大师索福克勒斯《俄狄浦斯王》的改写。

常突然到访。他属于美妙的幻想。

您还提到了克里斯蒂安·贝拉尔[1]："布景由克里斯蒂安·贝拉尔负责，他是一位天生的道具师。这些布景相当简洁，以至于灯光的变化就足以为其营造邪恶或平静的氛围，这些布景每时每刻都在参与剧情，通过动荡不安的紫色、不怀好意的绿色以及不祥的白色这种常用来表现噩梦熟知的光对剧情做出贡献。"

贝拉尔曾经在我家附近的博若莱酒店住了差不多两年。他身上有一团火，散落着许多华贵之处，还有他那烈焰颜色的胡须。他是一个完美的同伴，机智、快乐或悲伤。如果我在花园里，他就会从三楼窗口掷给我一枝玫瑰，或是一个友好的飞吻。

维克多·布歇[2]呢？

我曾经变装演出过一部短小的戏剧作品，我没什么天

---

1 克里斯蒂安·贝拉尔（Christian Bérard, 1902—1949）：法国画家，舞台道具设计师，20世纪30年代起与科克多进行过一系列密切合作，其中包括为《地狱机器》设计舞台背景与演员服装。

2 维克多·布歇（Victor Boucher, 1877—1942）：法国戏剧和电影演员，参演过许多布尔代剧作的演出，包括《艰难年代》。

分，穿着棕色长裤和条纹西装，但我每晚不仅有幸去领悟米兰德[1]这位出色演员的演出，还有维克多·布歇，这个舞台上的奇迹如此小心翼翼地伪装在温柔嗓音的掩饰之下，他的声音如此温柔以至于所有人都不会错过它任何细微的差别。

关于波佩斯科[2]，您在评价雅克·德瓦尔[3]的《托瓦里奇》时曾经提道："波佩斯科女士是一位格外危险的演出者，关于那些交给她处理的文本的价值，她有能力愚弄作者与公众。比危险更糟糕的是，她不可替代。如何超越波佩斯科？在她还未开口并发出我们钟爱的声音之前，仅仅是她露面本身，就已经在热场了。在紧凑的对话中，简短的语句中，细微的表情中，在半嗔半笑中。波佩斯科几乎不认识任何对手，她自身的光芒，单纯由她的出场散发出来的热力，就使我想起了米斯廷格特[4]的'照明能力'。"在马图兰剧院上演的

1 伊夫·米兰德（Yves Mirande，1876—1957）：法国剧作家、舞台导演、演员。

2 艾尔薇·波佩斯科（Elvire Popesco，1894—1993）：罗马尼亚裔法国演员，当时最成功的戏剧女演员之一。

3 雅克·德瓦尔（Jacques Deval，1890—1972）：法国剧作家。1933年完成四幕剧《托瓦里奇》并亲自导演，波佩斯科出演剧中女主角。

4 米斯廷格特（Mistinguett，1875—1956）：法国演员、歌手。

一出韦尔内伊[1]的戏中，您把她描述成了"腾跃的马驹"。关于《国王万岁！》，您向她祝贺道："波佩斯科似乎根本没有觉察到她正在创造奇迹。首先是要扮演'波佩斯科'，带着不懈的优雅只扮演波佩斯科。如果换了别人，可能会把这当成一种惩罚，波佩斯科却把它变为一种专属特权。试着去当波佩斯科的替身吧！我们做到了，我们还会继续这么做。迷人而聪明的替身演员的功绩会得到赞美的。小小牧羊人在更换放牧场地的时候，会把燃烧的木炭收进锅里，而波佩斯科也和他们一样，随身带着火种。"您认识台下的艾尔薇·波佩斯科吗？

对于所有接近她的人，她都传达出同样的热情态度，我去接近她时也从无例外。

您还提供过关于塞西尔·索莱尔[2]的"报道"，关于她走下那条著名的楼梯，您写道："集体幻觉，唤起并武装了各种狂热，这种幻觉不是偶然产生的，也不会白白浪费。当它

1　路易·韦尔内伊（Louis Verneuil，1893—1952）：法国剧作家，从1923年起便与波佩斯科长期合作，后者是他最偏爱的女演员之一。1934年马图兰剧院上演了他的《我的理想丈夫》。

2　塞西尔·索莱尔（Cécile Sorel，1873—1966）：法国女演员，法国当时最著名的女演员之一。1933年3月14日，她从巴黎赌场音乐厅著名的大楼梯上走下来时，朝米斯廷格特喊了一句"我好下楼了吗？"有记者把声音录了下来。

选择了它的崇拜对象，采用了它偶像的任意肖像——奖牌、照片、漫画，就有可能创造它，从远处'感知'它。塞西尔·索莱尔也是如此。今天她徒劳地从金色楼梯上走下来，直至击中那些对她极尽奉承的狂热人群，她没有冒险变得更加易于接触，也没有在她人的外表上向公众灌输更准确的观念。一个金发蓝眼的索莱尔，总会萦绕在一个陷入爱慕之情的木讷年轻人心头；而一个红发或褐发的索莱尔，长着棕色或绿色的眼睛，则会踏在另一个盲目信徒心口，就像走过一片温柔的草地。她没有真实的面孔：她闪闪发光。"

我见过塞西尔·索莱尔在音乐厅工作。我欣赏她灵活的身体和她的好脾气。我想要在彩排当晚亲自在巴黎赌场音乐厅为她化妆。她出现在舞台上，带着我像点标点一样抹在她脸上的粉彩。那样我就可以宣称自己懂得某种化妆艺术了！我仍记得那天晚上她在音乐厅的幕间短剧里展现的风采，我向你保证，她得到的掌声可真不是来自谄媚！

带着您对疯狂牧羊人[1]的印象，我们进入了一个仙境。让我们引用这段专门描述这座歌舞厅的文字："这些羽毛也

---

[1] 疯狂牧羊人是位于巴黎的一家歌舞厅，1869年开业。1912年其舞台上首次出现了全裸的女演员，在20世纪20年代名噪一时。演出以华丽的服装、隆重的排场及异域风情出名。

许是海藻，绿色的氛围仿佛一片纯净的水域；这些大师肖像画里的模特忽然穿过画框，活着逃了出来……这些杂技演员将年轻女子抛向空中，在飞行中把人接住再抛出……这些岩块，这些由红蓝白三色亮片拼出的女性组成的墙面，这些女性素材拒绝拥有面孔，只为成为各种闪耀的空间，三种颜色盛大而温和的游戏，一个融进另一个，一个咬住另一个，一个收入另一个，然后发出它的反射——所有这些都是伟大歌舞厅的本质，是一种视觉方面的饲料，是对我们现今生活中所有灰暗、坚硬、贪婪、渺小和明智之物的补偿。疯狂牧羊人的全新歌舞演出为我们呈现了我所说的仙境古典主义：假含羞草吐出真香气；上百名白衣女傧相参加仅有的一场婚礼；一支水陆两栖的迎亲队伍从教堂广场降落至湖中，从容地跟随一对年轻夫妇，他们在两米深的湖水里拥抱、沉睡、苏醒……一只脚踏入现实，另一只脚落于不可能之地。我喜欢粉色楼梯衬出蓝色美女的变化，我喜欢海市蜃楼漂浮在精心打造的沙漠之上，产生了可被'完美'（这个副词并不过分）感知的裸体，我喜欢让长长的金色鬃毛，假造的鬃毛，鞭打实实在在裸露出的腰部。这就是大型歌舞演出中的古典主义，让我们习惯看到各种昂贵而无法触及的装饰，看到无价的'乐园'在'荡妇'的额头颤抖，看到货真价实的丝绸，绸缎上的光线像在野鸭脖子上嬉戏……"在这篇文章中，您的印象是否传达出了您自己还是舞者时，出入这间音乐厅的个人记忆？

　　的确，我们有过一种幕间短剧，一个现在已经被废弃的剧种：哑剧。与那些潮水般涌上舞台，不管是裸体还是身着盛装的大批女性舞者无关。在我受邀参与的最后几次彩排中，我得到了安慰——最后一次夜间排练没有丝毫间断，一直持续到凌晨四点。一整队女人都被工作搞得筋疲力尽，然而那个时候，除了在凌晨四五点之间步行回家，别无他法！我对像服兵役一样的守时标准感到非常震惊。在音乐厅的节目单里，比如星星歌舞厅[1]，一切安排都精确到分钟。连五分钟的延迟都不允许出现。我们从上午十点十七分练到下午三点半。我不愿相信，但我看得出，必须认真对待这个严格的时间安排。多年来，我的同事兼哑剧老师乔治·瓦格一直准时给我打电话。

　　随着《特洛伊战争不会发生》上演，我们发现了让·吉罗杜[2]："似乎没有任何东西让他注定要去剧院，去获得他在

1　星星歌舞厅位于巴黎香榭丽舍大街，1923 年建成，最初是一个剧院，1926 年之后改成了舞厅，1964 年停业，现已拆除。

2　让·吉罗杜（Jean Giraudoux，1882—1944）：法国作家。《特洛伊战争不会发生》是他创作于 1934 年秋季至 1935 年夏季之间的一出剧作，1935 年 11 月 22 日在巴黎首演，表现了作家的反战情绪。

那里遇到的稳定而准时的成功。他的思想极其微妙，一个句子，一个想法，都醉心于迂回与插曲，被注入一种对装饰性的喜好；一种始终存在的反讽，从不脱离肉体形象，从粗鄙中汲取其喜闻乐见并为这粗野服务的东西；做分析的需要，有时一直被推演到思维眩晕，这让我羡慕他，就像人们羡慕一种精致的放荡。他身上的一切似乎注定要背叛戏剧行动。[……]然而，恰恰是剧院满足了让·吉罗杜的要求。与其说是满足了他，不如说是把他从自己身上抽离出来，把他从意识形态的歧途中解脱出来，强化他的力量，拉直他的线条，引导他的笔触，去遵循一道更加可靠也更加残酷的轨迹……诗歌的美德：吉罗杜把我们带进了他的'气候'——这个词和'以……为标志'一样被玷污了——他把我们留在那里，我们把他清醒的氧气当作我们故乡的空气。"您认识吉罗杜吗？

我在皇家宫殿的这个花园里最常看到他。我站在我家窗前，他在楼下遛狗，从狗到女人，从女人到剧作家，我们带着深厚的好感相互搭话，就像在村里的广场上。

如果您打算完成吉罗杜的画像，您会给它画上什么新线条呢？

一笔不加。我对吉罗杜的了解太少了，对此我感到后

280

悔，不，不应该给那些长眠者添加任何东西。放过他吧。他是个好人。他已经拥有足够多的朋友，足够多的仰慕者，他们足以把他填满，完全不需要寻求我的帮助。

关于亨利·伯恩斯坦[1]的戏剧《信使》，您写道："他的技巧和才能几乎难以模仿，他长久以来一直在打磨，直到日臻成熟。当一个剧作家表现出对爱情的坚持，表现出以致命的方式通过爱情走向灾难，我们从来不会无动于衷。还有哪一部作品能让人找到对哲学如此根深蒂固的蔑视呢？伯恩斯坦不否认友谊存在，这很公道。[……] 听众常常试图找一些话来解释伯恩斯坦，为自己的顶礼膜拜开脱，诸如'魔法……至高的力量……胜利的本能……'等。群众总会使用略显女性化的语言来谈论某些男性的荣耀，但如果有人想要辨识出，在戏剧大厦的构造和平衡中，作者饥渴的智慧所扮演的角色，那么没有什么比读一出伯恩斯坦的剧本更合适的了。"

伯恩斯坦和我向来是特殊的朋友，我相信，只需要十分钟有点激烈的谈话，我们就会立刻发现，我们不是敌人，而是观点完全不同的人。你知道，他很暴躁！

---

[1] 亨利·伯恩斯坦（Henri Bernstein，1876—1953）：法国剧作家。《信使》是他1934年完成的剧作。

让我们谈谈大木偶剧院[1]吧，您写道："在大木偶剧院，'大戏'永远有两幕。在我看来，这个传统可以追溯至1896年，那一年充斥着'凶人保莱'的叫声、受害者的哭声、被强奸女孩的呻吟声、新生儿被闷在床垫下的啼哭声、被人用牙签刺瞎眼睛的英国军官克制的抱怨声以及某个疯子阴险的笑声，这些声音彻底盖住了大嗓门的最后回声。［……］从开业以来——我出席了开业仪式——人们来到大木偶剧院，就是为了满足人类对恐怖的渴望，一种相当难以抑制的想看血色甚至鲜血的欲望，或是出于在安全状态中吓得发抖的癖好。没有一个小剧场经理在这个神圣的任务上失败过。"您是不是特别喜欢这种表演？

对于恐怖剧来说，我是个不合格的观众。我不相信它。乔治·瓦格，我的同事和老师，曾教过我用什么材料来制作舞台上流淌的血液：一种糖浆酒。不过他们总能运走一两个晕倒的女人！

您为什么要去看这些演出呢？

为了自娱自乐。虚假的恐怖在我心里制造出一种喜剧

1　大木偶剧场位于巴黎，1896年开业，专门制作恐怖血腥的戏剧。

效果。我想起了一段关于快乐街¹的回忆。一天晚上，某场演出结束后，我乘坐出租车，一个大高个子在出租车上和我搭讪，说要送我一程，因为附近不安全。我听着他吹嘘，像个坏小子！但这条街多美啊！一切都包含着一种特别的韵味，不管是人们的心情还是他们特有的巴黎口音，都带着缤纷的光影和无比的快乐。

在《一个与别人无异的男人》中，您对阿尔曼·萨拉克鲁进行了精彩评论："这一次，作品剧院²呼吸着生机，甚至呼吸着奢华，如果奢华是丰富，是某种无序，某种确定的天赋，某种关于爱情的严肃想法，某种关于忠贞的滑稽观念，某种快乐的无礼，某种孩子般的严肃。［……］我有一种癖好，就是去欣赏那些一出生就给糖和盐定量的剧作家——这是一个伟大而可敬的美食原则，但在今天却被遗忘了——他敢于以大笑结束抽泣，敢于以闯入的方式迈出艰难的一步，他敢于一只脚行走在梦里，另一只脚行走于人性之中。此外，萨拉克鲁还运用了滑稽而不逊的宝藏来取悦我，

1 位于巴黎南部蒙帕纳斯地区的一条街道，周围有许多剧场和影院。

2 作品剧院位于巴黎，1893 年开业。1934 年上演了萨拉克鲁的剧作《一个自由的女性》。

让死者复活并邀请他们加入他的游戏。因为我还是不能理解，生者只为死者奉献一场悲伤的仪式。"

在龚古尔学会[1]每月一次的午餐会上，我都能遇见阿尔曼·萨拉克鲁。我很喜欢聆听他那些生动而略显急促的谈话。

莫里斯·舍瓦利耶的这幅肖像："我已经很久没有见过莫里斯·舍瓦利耶了。我想借用阿纳托尔·法郎士的一句话，来回答那些认为他好的人，'他不是好，而是更好'。[……]我很高兴在一双调皮的蓝眼睛深处发现一位年轻艺术家的野性目光，他和我一样因巡演而居无定所，过去常常与我擦肩而过，他是一个高大的金发男孩，不善交际，但只靠着唱歌跳舞，就已经让观众很开心了。[……]莫里斯·舍瓦利耶在聚光灯下唱歌和表演，那种可怕的光线像钻石一样洁白，足以处罚身体和面部最轻微的缺陷，暴露因随意而导致的低级错误。他似乎并不在意，自信地献身于刺眼的灯光、无耻的好奇心、万千香烟的云雾和干燥稀薄的空气。他不时擦拭着鬓角的汗滴。'真有这么热吗？'一位独

---

1 龚古尔学会是根据法国作家爱德华·德·龚古尔（Edmond de Goncourt, 1822—1896）的遗嘱成立的一个文学组织，负责评选每年的龚古尔奖获奖作品。学会每月定期组织聚餐，用餐时，每个餐盘上都雕刻有用餐者的名字。柯莱特和萨拉克鲁都曾是其中的成员。

具慧眼的女士问道。'不热，女士。但您不知道这有多沉重：您的好奇心，我的好奇心，整个大厅的注意力，我有责任去煽动观众，去维持两千位观众的心理温度和乐观态度。'"

我和他，我们很久以前就认识了，如果时机对的话……我们互相之间是有过一点好感的。

也许有些读者还不知道，趁1935年豪华客轮"诺曼底号"[1]横越大西洋的机会，您也去了一趟纽约。

是时候让我去探索美国了！我现在还在懊悔（至少我做出懊悔的样子），一天晚上，我放弃了一场在纽约举行的一千八百人宴会……为了在一个有六千个座位的电影院里看电影。你不觉得很壮观吗？在一条荒凉的街道上，正对着布鲁克林大桥，我遇到了一只母猫。我很想去一个像布洛涅森林[2]那样的地方。有人告诉我，有一个缩小版的。于是我打车去了中央公园。确实在那里找到了一个布满灰尘的小号布洛涅森林，它尽其所能地欢迎我，然后我无怨无悔地回来了。我发现了一个陌生的世界，每个街角都有一间花店，为你提供一束栀子花。我看到了人们爬到一百层楼，爬得比埃

---

1 "诺曼底号"客轮1935年首航，是当时世界上最大的远洋客轮。

2 布洛涅森林是位于巴黎西南面的一片树林，紧邻富人区，是著名的郊游地点。

菲尔铁塔还高时才能看到的景象。

您在纽约待了多久?

三天。那是诺曼底号第一次"上报纸"穿行的时间。我记得,在从未清扫的码头上,旅客的行李散落一地,行李箱敞开着。多么壮观的景象!有一位年轻女士看到自己脆弱的蕾丝内衣被风吹坏了,哭了起来!啊,美国!在诺曼底号餐厅楼梯顶部,我记得有一尊巨大的镀金雕像,固定得不太牢。这个雕像被安在楼梯顶上,日夜受到长期剧烈颤动的折磨。一位记者同行在参观游船时对我说:"这个摇晃的雕像是怎么回事?"我回答说:"你看得没错,它吓坏了。"

关于您的小说家特征,您高超的分析能力让我们注意到,对于您笔下人物的心理状态,您并没有从内部进行描述,而是通过一些微妙的笔触和耐人寻味的细节,从外部塑造您的主人公。我想这不仅是一种策略,更是一种也许来自您童年的灵感:您的记忆,您的语言,您遇到的人物,还有一些也许是您在剧院工作时遇到的人?

说是童年灵感,我同意。要确保我的童年继续成为你口中"我的灵感"的主要来源,这不是难事。

您笔下人物的心理状态是通过外部笔触来表现的，而不是通过分析他们的思想和行为。

也许我只不过是一个失败的画家而已！

关于绘画，我想人们能够注意到您文风中色彩的质量……那是一种真正的画家眼光。为了继续这类观察，嗅觉对您来说无疑格外重要？

我认为这甚至是首先要考虑的。我很高兴自己能留住"狗鼻子或猫鼻子"；我觉得不是在自夸。

您的耳朵有乐感，您的触觉相当细腻，您的味觉是美食家的味觉。正是这一整套感官能力保证了我说的"您的风格"的诸多优点。因此，您的句法就和您的听觉一样无可挑剔。

显而易见，你没有见过我在晚上十一点到凌晨一点之间"写作"时的状态，那会儿我正面对我的文字修改稿脸色发白。我很感谢那些修订，它们教会了我写作的要求和技巧。这里面还有关于先祖的记忆。我可以回想起来自土伦的父亲，想起那些普罗旺斯农民，他们像擅长处理渔网一样擅长处理虚拟式未完成过去时[1]。你想知道他们是怎么说的吗？这句话至今还回荡在我耳边，我虔诚地记了下来。这句话是我家里的门房说的，她是一位农妇，她在一条小路上发现了一位身染血迹的年轻人，这位年轻人"喝了点酒"之后摔倒了，她照料了他，随后他没有向她道谢就走了。我对她说："这件事教会你要对倒霉的人笑一笑。"这位不会写字的农妇回答道："难道我们要让他死在路边吗？"这在南方不是什么特殊情况，那里的人对虚拟式未完成过去时使用得特别熟练！这些生活中轻微的"摩擦"很是惬意。我工作繁重。我不知道什么是"文思泉涌"，现在，到了我这个年龄，我想我必须放弃这份希望了。我没有什么才能。在我还小的时候，母亲常对我说："你只有一种天赋，如果不培养它，你将会一无所有。"这是一个真实的判断。

这种天赋是什么？

对我母亲来说，就是要足够严格，而且保持下去。我没什么才能，但我想自己多少还算清醒。

1　虚拟式未完成过去时在法语中是比较复杂的时态，并不常用，如今已经几乎不用了。

作为一名作家，您的克制也体现在您的风格和作品中。您从未触及伟大的感情、澎湃的激情、崇高的心灵冲动，也许是因为您认为它们不可能存在，总之，与您的性格无法调和。这种克制在专门写给您的女儿漂亮加祖的文字中表现得尤为明显。您不想谈及自己的孩子，但又无法拒绝谈到漂亮加祖这个文学人物，是这样吗？

现在的她，只需发出迷人的笑声……就能再次成为六岁到十二岁之间的那个迷人少女！我不敢破坏自己对女儿的诸多回忆，正如你所说，我在努力掩饰。当她开始成为一件"杰作"的时候，我对自己说，如果我屈服于这种吸引力，我就只能成为一种作家，一边描写孩子，而且描写个不停，一边从作品中映照自己的内心，也就是在孩子这面镜子里照见自己！

这个答案引出了另一个问题：那就是面对自我，面对自身的要求和视野，作家的责任问题。

我要回答你，我很害怕作家的"单一主题"。我为此感到担心，不仅是担心单调，还有几乎不可避免的枯燥。我可以列举一些作家，他们免不了因为选定父亲或母亲的身份而变得呆板。

对您来说，小说家的功能、职业和艺术代表着什么？

不断撒谎！是的，当然。这是一种责任。在我还没写出多少文章之前，我已经感觉到，在母性乃至爱情中，我恐怕找不到一个足够广阔的领域——我使用了虚拟式！——能让我轻易感动，并更新我的储备和积累，虽然这些积累并不庞大。有些批评家，甚至有些朋友曾对我说："所以你就不能写写其他题材吗，除了爱还是爱，永远都是爱！"

您可以很轻易扩展您的探索。例如您的一篇短篇小说——题目是《请您给一张六角邮票》——就显示了您的幽默感。

是的，但我不是干喜剧的料。并非每个人都是玛格丽特·莫雷诺。

关于莫雷诺，您曾经写过："玛格丽特·莫雷诺颇有分寸的怪诞，善于发明的天赋，无可比拟的口才，从舞台到银幕都没有受到损害。电影院里最常见的告白，就是迎接玛格丽特的那句话：'你觉得是她吗？'她拥有极致的耐心，在一些她参演过的不知名的电影中，她等了很久自己的报酬，就像主动消失了一样。她一直在观察，一直在舞台上准备她的人物，她那只适合她自己的残酷发型，她的头部动作，她的仪态，她的指责。我现在借莫雷诺之口说一个我想让她说出的句子。在一次拍摄过程中，导演对她喊道：'看在上帝的分上，小心点！莫雷诺，你真漂亮！''请你原谅，老朋友。'莫雷诺回答道，'我分心了。'"

她是我一生的朋友。

您的观察相当敏锐，这给您的很多短篇小说带来了灵感，我们可以从中找到许多至今依然适用的判断。为什么在您的作品中，您没有更进一步，不是下判断，而是对各色人物做出一些"道德"方面的评价，也许，还可以由此发展出别的文学类型？

我的答案是懒惰。懒惰这东西，毕竟是很吸引人的！

您对幻想的定义是什么？我的意思是说：一些印象，一些神话，甚至是一系列短篇小说中包含的内容，我们可以在这里列出几个标题：譬如《病童》和《美丽风光》。

屈服于简便难道不是一种趋势吗？画出不存在的、永远不会存在的东西，是一种诱惑！这比画实际存在的东西更简单。我有时会感受到这方面的诱惑。

*

1952 年 2 月，科克多在他的日记中写道："我发现她病得很重……她每况愈下的听力和疲惫的身体使她与世界隔绝……令人无比悲戚。上年纪了。我也迟早会变成这样。人生的终局就这样开始了……她是一个农妇，也是一个孩子……她任由自己活着。她对自己栖居的这朵浮云大抵感到满意，它保护她免受残酷世界的侵袭。这个世界超过了她，不再与她的花朵和动物相吻合。"

在《确定的往昔》[1] 中，科克多与我们分享了共和国总统樊尚·奥里奥尔[2] 的心里话，在一次午餐会上，他坦陈，自己无力为柯莱特争取荣誉军团大十字勋章[3]，因为拥有全国威望的高级牧师们认为她在歌舞剧场舞台上跳裸体舞蹈极为不雅。他说道："在她八十岁生日时，我去她家拜访并表达了官方对她持有的保留意见。"她答道："我可能是脱了些衣服上台，但到底是比今天的女舞蹈演员们穿得多些。以我的角度来看，我从来没有做过任何不道德的事。而且

1　《确定的往昔》是科克多日记出版时选用的总书名。

2　樊尚·于勒·奥里奥尔（Vincent Jules Auriol，1884—1966）：法国政治家，1947 年至 1954 年出任法国总统。

3　法国荣誉军团勋章是法国政府颁发的最高荣誉勋章，以表彰对法国做出特殊贡献的各界人士，1802 年由拿破仑设置，共分六级，大十字为其中的一等勋章。

我的身材非常好……"

最终，在事实面前，"政治性"的成见逐渐消失了。当时的委员会主席达尼埃尔·迈耶向她宣布了这个好消息。在科克多的日记中，我们读到："柯莱特的生活。丑闻不断。然后一切都在顷刻间反转，她进入了偶像行列。在威望的顶点，她完成了她作为哑剧演员、美容院常客和年迈的女同性恋者的生活……她的眼神好似一只半梦半醒的鼹鼠，仿佛有种清晰而深刻的讽刺一闪而过。"

关于柯莱特在文学中的原创性贡献，必须等到多米尼克·奥里 1953 年 3 月在《新法兰西评论》中《柯莱特与闺中女友》一文的敏锐分析，才得到明确强调。"没有人能够在想象中构建得如此出色……自由正体现在目光的敏锐之中，体现在视线的强力与精准之中。"奥里强调，柯莱特是第一位将自己定位为"主体"，而将其面对的男性视为"客体"的女作家。

美国大使道格拉斯·迪伦在摩纳哥亲王陪同下前来通知她，纽约国家艺术与文学研究院将她推选为荣誉会员，"以表彰其杰出的艺术成就"。舞台剧《吉吉》[1]在 1954 年年

---

1 《吉吉》是柯莱特发表于 1944 年的一部小说。1951 年被美国导演阿尼塔·罗丝改编成舞台剧，由柯莱特钦点女演员奥黛丽·赫本扮演主角吉吉，成为赫本在百老汇的首秀，1951 年 11 月 24 日在百老汇首演，共演出 219 场，至 1952 年 5 月 31 日结束。

初进行了彩排。同年 8 月 3 日，《纽约时报》报道："柯莱特，《吉吉》与《谢里宝贝》的作者，在巴黎逝世，享年 81 岁。"让·科克多用无疑是盖棺定论的调子写道："柯莱特是反理智主义一类的。蠢笨变成了天才。"

柯莱特去世后，她的女儿住在皇家宫殿，成为其作品的忠实代理人。她仍然保留着一种青春气息，正如一位采访过她的《纽约时报》记者回忆的："那一对酒窝和滑稽的笑容，棕红的头发，欢快的心情还有那小小的身板无不让人想起她的母亲。"

1977 年，莫里斯·古德凯（他后来再婚了）去世后，她反对出售母亲柯莱特的公寓和手稿。她通过安德烈·马尔罗的运作，把皇家宫殿附近的一座广场[1]以柯莱特的名字命名。贝尔特朗与雷诺·德·朱弗内尔[2]兄弟延续了她的工作。柯莱特之友协会，拱廊—柯莱特协会，圣索沃尔昂皮赛城堡协会则在家族的推动和出谋划策之下，成功创立并发展了柯莱特博物馆[3]。

---

1 即皇家宫殿附近正对法兰西大剧院的广场，1966 年 3 月 21 日该广场正式更名为"柯莱特广场"，安德烈·马尔罗（André Malraux，1901—1976）当时出任法国文化部部长，推动了此事。

2 贝尔特朗·德·朱弗内尔（Bertrand de Jouvenel，1903—1987）与雷诺·德·朱弗内尔（Renaud de Jouvenel，1907—1982）均为柯莱特·德·朱弗内尔（漂亮加祖）同父异母的哥哥。

3 柯莱特博物馆位于柯莱特的出生地圣索沃尔昂皮赛，1995 年正式开馆。

对于柯莱特的表达、个性与天赋，柯莱特·德·朱弗内尔在其日记中的思考就如同照亮深刻真理的灯塔一样，解答了我们为何如此钦佩她，对此我们一字不差地引用原文："让我们心驰神往、令我们目眩神迷的，是她从来都不属于人类秩序的规范。"

（柯莱特在她位于皇家宫殿的公寓里接受的最后一次访谈，用她的言辞、她无比复杂的机敏和她的含蓄总结了她栖身于世的全部品质。那是在 1951 年 7 月。）

你知道我们差点被活活烧死。因为我是一个老太太，他们起初并不想让我担心……我明明看到镶木地板之间在冒烟，但我还是假装相信了宝琳娜（她忠实的女仆）出于善意的解释。最后，我们不得不决定撤离：一楼着火了，但当我们出发时，楼梯被烟雾和火焰团团围住，根本无法下楼……这让我得以回到原地喝杯咖啡，等待消防员的到来。

（一颗蓝宝石流光溢彩，这个小小的蓝色灯盏的象征，凝固在柯莱特的无名指上，她每一个简短而活泼的手势都让我眼花缭乱。柯莱特蜷缩在她的靠垫之间，向太阳伸出双手，仿佛在祈祷。）

这是一个晴朗的早晨，如果能去森林里散散步就好了……

是克罗蒂娜故事里的那片森林吗，在蒙蒂尼后面，"充满了阳光、草莓、铃兰花和蛇"？

想必是这样的！你知道，我现在只能凭借想象四处走动[1]了……其次是靠回忆。

您的七十本小说应该足够您回忆了。

喔！但我偏偏喜欢生活中更真实的记忆！它们经常被混淆，好吧，不要让我再说下去了……

我知道，我知道……您把一切都写了下来，甚至包括这则警告："不要把我对自己的了解，与我试图对此加以隐藏的东西、我从中虚构与猜测的东西混为一谈……"

（她笑得前仰后合，两只绿色的大眼睛里流露出一丝愉快的光芒。）

阅读您的作品时，人们不会认为一切都是刻意安排的……毕竟您的语气是如此自由。

为什么你要调侃我呢？你明知道我从来不写提纲，任何提纲我都弄不来……写作对我来说不是易事，但我仍然更

1　柯莱特晚年由于关节炎瘫痪在床，难以走动。

钟爱灵感的自由。一想到要撰写二十二个或是二十四个章节，我就深感任务艰巨。是的，我更喜欢放飞思绪。

……那您自己的回忆呢，就像是《克罗蒂娜》系列中的……

没有那么简单。记忆不过是一个人刺绣时用的纬线。

关于您小说中的人物与您自己的生活境况之间的密切联系，我已经在我们的广播访谈中调侃过一番……比如塞尔江小姐、高个子阿奈斯，您和克罗蒂娜都住在雅各布街，您抵达巴黎时遇到了与克罗蒂娜同样的苦恼，我们还可以在您的小说中举出更多的例子。

你很清楚，这只能证明，我自己也曾是我笔下众多人物的一个面向。

他们的灵魂也是如此。甚至在他们特定的感情中。譬如说，每次克罗蒂娜谈到猫的时候……

啊！猫咪！我太爱它们了。你谈到雅各布街。我记得，在我那个年代，偶数门牌号那一边对面有一家小旅馆，里面住着一位伟大的房客：一只绝美的安哥拉猫，每周有那么一两次，它无比忠实的主人会在旅馆的院子里搁一个盆，配上一壶温水和一块肥皂。等到所有准备工作就绪后，安哥拉猫便会逐级而下，自己走进它的澡盆里去……我还记得它的那些神态，恍若昨天。

正是在这一时期，在这条街上，您认识了马塞尔·施沃布。

是的，这颗卓越而幽暗的星星。他拥有那么多好意与才华，却愿意为我花那么多时间，花在我这个小妇人身上，这让我受宠若惊。当时我还一文不名，当然这样也好，因为我认为，如果我当时不是一个留着长头发的小女人，那么像施沃布那样的大人物，还有其他一些和他一样有魅力的聪明男士，是不会对我情有独钟的。

我有张您当时的照片。

这是真的……我的天！

(柯莱特出神了)

我的长发!

(她在为我回忆过去，对此我深表感激。)

在我十五岁半时，我被带去参加了一场当时的大型展会活动：国家美术沙龙。那里有一段很长的楼梯要爬。我母亲叮嘱我要当心自己的长头发，她比我还要喜欢我的头发。于是，我找出一条原本固定在裙摆底部的小丝带，把我的两条辫子系了起来，垂在胸前。我记得，在登上国家美术沙龙的楼梯时，我没有注意自己的长发。我的脚踩到了辫子末端，整个人摔倒在地。瞧这事儿!

(我和她大笑起来。我趁这个放松的时机冒昧地问了一个问题，这个问题来源于我对她的好奇心和兴趣。)

您作品中那些具有先见之明的部分总是让我印象深刻。例如，《克罗蒂娜走了》提前两年描述了一个您即将亲身经历的处境。

你来得太晚了，不要问我这么感伤和确切的事情。

(柯莱特嘟着嘴。我想找回她的笑容。)

无论如何，您的幽默——当我们知道了那些逸事之后——让我感到十分有趣。比如，您创造了莱昂这个人物，他是一名小说家，而他的妻子，一位"可怕的街垒女侯爵"，每天将他关在家里四个小时，好让他写出六十行字。在我看来，这是一种令人钦佩的自嘲方式。

这有一定的真实性！假使承认这一意图就是我的意图，对于这样一部薄薄的小说来说，这是多么重要啊！

这就和知道您与克罗蒂娜都喜欢菠菜馅饼一样明显，但您的回答让我体会到了您在下面这句话里投入了自己人格中的哪一部分特质："当人们以某种方式去爱时，背叛本身就无关紧要了。"

我的孩子，这闻起来全是文学的味道！维利有一种和我讲话的方式："快点，我的小宝贝。我需要一百五十页……"这就解释了当时我笔下为什么有那么多空话。

奇妙的是，尽管如此，您还是逐步提升了自己的才能，最终达到那种无法被模仿的风格……尽管有维利，有困境，有新闻媒体和无良文人。

我还在等着你引用巴尔扎克呢。

为什么不呢，我在您的床边还瞧见了他的小说。

当然。从六岁起，我就一直在读巴尔扎克。也许我太爱他了，也许我读得太早了，爱得太早了，在我生命的任何时段我都爱他。但我不知道怎么跟你谈论他，我接触他的作品过于频繁了。

您恰好提醒了我，您也不得不逃离歌舞剧场才能做您自己！从巴尔扎克到歌舞剧场，这是多么惊人的探索啊。您的生命是一个奇迹。

对，一次历险，但不是什么奇迹，风格的背后是繁重的工作。你知道我是怎么接触歌舞剧场的吗？一天，我收到了保罗·弗兰克的一封电报，他是艺术家，当时负责经营奥林匹亚歌舞剧场。他问我："您愿意跟我一起在奥林匹亚出演一个月的哑剧《流浪者》吗？"我同意了，就是这样。剩下的便水到渠成。这是一个关于线团的故事。你拉动一端，其余的都过来了。这就是我在歌舞剧场时的状况。我出演了《非洲蝙蝠》《埃及之梦》《肉体》，等等。歌舞剧场的圈子多么美好啊！都是一群简单的人，我很喜欢他们。

那是莫里斯·舍瓦利耶爱上您的时期吗？

他告诉我的时候已经太迟了。

(柯莱特又恢复了灵动的喜悦。)

现身于台前不会给您带来困扰吗？

为什么呢？我的身材那么好。我也从没做过不道德的事儿。至少在我看来没有。况且，我也从来没有像别人说的那样赤裸演出。穿的衣裳很少，但到底还是比现在表演的姑娘们多。不久我就离开了歌舞剧场。当时我有一个很充分的理由，就是我怀上了"漂亮加祖"。当时我独独遭遇了一件巨大的痛苦：我的母亲在孩子出生之前离世了，而这本可以为她增添很多欢乐的。她常说我："你甚至连生孩子都不行！"当时她一直不知情。我想她以后会知道的。

(我念出了一个神奇的词语："茜多。")

我的母亲就如圣徒一般，她简朴地散发着美德的香气。她闻起来很香。她对事物抱有一种清晰而公正的看法，充满诗意……我还粗略地记着她不怎么喜欢宽脸的三色堇，指责它们长得像亨利八世。

我认为您关于茜多的回忆与那些拂晓时刻混合在一起，后者也被您写成了一本非常美好的作品[1]。

　　凌晨四点……对，黎明对我而言一直是你所谓"诗意"的时刻。哪怕在不久之前，拂晓依然是一种奖赏。其他时段已经被成千上万的人消耗和磨损了，唯独凌晨四点是纯粹的。此时此刻一切本能与激情都归于平淡，一切在我看来都显得欢快、多变、丰富。

　　这就是幸福吗？

　　（柯莱特严肃地盯着我。）

　　茜多教会我恶与善往往具有势均力敌的光彩，二者都值得人们付出热忱的关注。这就是为什么"幸福"这个词语对我而言没有意义。幸福对于生存是不是必不可少的呢？我们都愿意让自己相信它的必要性。人类和动物一样，体验到完美的幸福状态是不正常的。我不太喜欢它，不够喜欢它。

　　而且您笔下的人物并不总是幸福的……

1　即柯莱特出版于 1928 年的作品《白日的诞生》。

（孩子们在玩耍。渐渐地，皇家宫殿里挤满了一群欢快的幼童。此时阳光驻足在几颗玻璃珠表面，它们在壁炉上闪闪发光。柯莱特微微倾身，望向她窗下的巴黎一角，一览无余。我想到了这位女性独一无二的命运，用弗朗西斯·雅姆的佳句来说，她"敢于自然淳朴"并找到了培养天赋的充足时间……

在离开柯莱特之前，莫里斯·古德凯给我看了一封茜多从未发表的信件，信中把当时的一场火灾事故与她女儿四十五年之后相似的经历奇妙地联系在了一起，茜多也有过相同的反应……茜多，柯莱特的守护神。）

1907 年 3 月 2 日

亲爱的小猫咪，

现在是清晨五点，我正借着灯光和扑面而来的火光给你写信。你知道莫罗夫人的谷仓吧？里面装满了饲料和小麦，肯定是有人在那里点了火。

我的小狗狗，当我听到一阵奇异的声响时，我还在读你写的书……突然起了一阵邪风，我自言自语道，随即看到一道微光照亮我的窗户。消防员都到了，就在我家花园里，他们踏过我那些漂亮的草莓，扑灭鸡舍上的火苗。因为我面对这场火灾百无一用，就去喝咖啡了。

无论如何，如果风是从西边而不是从东边吹来，我的房子还是会起火。没有人从阿吉尔的屋子里出来；他们多半在睡觉。我在读你的书，昨天收到的，还收到了它那相当主观的献词……写得好极了，宝贝……还有什么小提醒呢？你激起了许多相当痛苦的回忆。你的作品将吸引一批特殊的、充满智慧的内行读者，你写下的一切会特别受到知识分子青睐。写吧，我亲爱的小白狗：你的前路就在其中。

［……］

现在已经是早上八点了，火还在烧，倒霉的老鼠四处乱窜。

四 "我不喜欢揉皱自己的记忆……"

在1949年出版的《一笔一画》[1]中，我们发现了，起始于《黑色孪生女》的人物肖像画廊得到了补充。但如果说在《黑色孪生女》中人物轮廓是信笔勾勒的，那《一笔一画》则相反，它以精雕细琢的笔法将您记忆中的一些心爱人物描摹得栩栩如生。比如您这样谈论普鲁斯特："当时他是个年轻小伙子，我那时是个年轻姑娘，对他还没有深入的了解。我曾在阿尔芒·德·卡瓦莱夫人[2]每周三的家庭聚会中见过马塞尔·普鲁斯特，他的极度礼貌，他对于其对话者，特别是女性对话者的过度关注都不怎么让我感兴趣；这种关

---

1 《一笔一画》是柯莱特出版于1949年的一部文集，其中描写了许多她接触过的文艺圈名人。

2 莱昂蒂娜·利普曼（Léontine Lippmann，1844—1910）：法兰西第三帝国时期最著名的文学沙龙女主人，被称为"阿尔芒·德·卡瓦莱夫人"，每周三晚上在家中举行文学沙龙活动，1889年，年仅18岁的普鲁斯特加入了沙龙活动，后来将卡瓦莱夫人写进了《追忆似水年华》。

注过于明显地透露出她们与他的年龄差距。他看上去异常年轻，比所有的男人和年轻女士都要年轻。他茶褐色的眼眶大而忧郁，肤色时而红润时而苍白，眼神焦虑，沉默时嘴巴紧闭，仿佛要准备亲吻，穿着一身礼服，还有一大绺乱发。敞开的水獭皮大衣，露出了他的燕尾服和白衬衣，细亚麻布的领带半解开。他一直在拼命说话，表现得很开朗。因为天气寒冷，他把大礼帽戴在头上，在表达歉意时，会往后面按一按，刘海遮住了眉毛。总之，一身日常晚礼服，却似乎被一阵狂风吹乱了，狂风把帽子吹倒在后颈上，拨开衬衣和皱巴巴的领带下摆，在脸上的沟壑、眼眶的洞穴和喘息的嘴里填满黑灰，至死纠缠着这个只活了五十岁的踉跄年轻人。"我很想知道，柯莱特夫人，马塞尔·普鲁斯特还给您留下过怎样的记忆。您对他的作品有哪些感受和判断，在您看来，它的源头又是什么呢？

美妙。也就是说，在很短的时间内，在接触了马塞尔·普鲁斯特的作品后，我就立刻产生了一种迷恋和相当热情的钦佩，取代了他在我身上可能唤起的其他所有情感。我想，这是我能想到的最接近真相的回答。

至于他的作品？

有时我觉得它很美，但不太清楚到底是为什么，我缺乏合理的理由，但我的钦佩之情不会改变。

您怎么看待马塞尔·普鲁斯特想要重温过去的愿望？

这很合理，绝对合理。他属于这种类型，我认定并称之为："让他做他想做的事情吧。他是自由的。"

作为文体家，您能否对马塞尔·普鲁斯特的风格进行判断，进行定性判断？

不，我不能。首先，这令我感到十分乏味。到底有没有一个合适的论据提供给你呢？其次，我无法下判断。我的批判性思维不够精准，或许不够完善。不，不，就好像我是一个年轻女孩，我爱上了他，那么我宁愿不去评判他，而只说"我爱他"。

在得到这个答案之后，我为自己使您更加不快而感到后悔……现在我想询问您一些安娜·德·诺埃耶的事，您在信中提到过她："清晰的头脑，古铜绿的大眼睛在陷入静思时睁开，很适合让她的朋友们送给她一个略显刻板的花园，不屑于那种风景别致的荒芜之地蕴涵的浪漫主义。诗人的朋友们，不要忘了，诺埃耶夫人凌空抓住了空间内所有的香气，为她栽种一个充满芬芳的花园吧。"我希望您能告诉我们，安娜·德·诺埃耶给您留下了什么样的记忆，什么样的友谊，还有，她对您的作品有什么用处，她给您提出过哪些建议？

她没有给过我建议。她是个大人物，不可能弯下腰去劝说别人。我没有必要问她，我也不敢。但我说："送给她一个充满芬芳的花园。"她便得到了。我觉得她会回到那里，我也希望她能回去，没有任何人看见。又或者有诗人会看到她在月光下，在安菲翁[1]过夜……也许，这并非毫无可能。

您对安娜·德·诺埃耶留下了哪些回忆？

我不想说自己对诺埃耶夫人留下了哪些回忆。我不喜欢在讲述的过程中揉皱自己的记忆。最美好，同时也是最严肃的回忆，是她在中午时分与我进行的那些零星会面。因为我身体好，当时路走得很多，便去她位于谢弗街的家中拜访，我发现她躺在一个房间里，足不出户就能接待所有客人。

1　1933 年，安娜·德·诺埃耶去世后在拉雪兹神父公墓下葬，但她的心脏被专门葬入莱芒湖畔的安菲翁。

是不是对您来说，诺埃耶夫人不是启迪者，而是一位无比可贵的朋友，也许，她有时能够引导您的判断和文学品位，并对您产生一定的影响？

喔，不！不是的！她像我一样，我们都没有对彼此产生这样的情感。不！我们拥有太多文学方面的羞耻心，以至于无法交换那些本可以被双方当成建议的看法。不！我们并不谈论文学。

您对安娜·德·诺埃耶有什么记忆，她的迷人个性给您留下了怎样的印象？

您想要什么，记忆还是印象？

两者兼有。

两者兼有，那就太多了！我把其中最精彩的部分，那些对我来说最珍贵的部分——请原谅要您自己去看——放在了自己必须在布鲁塞尔比利时法语语言文学皇家学院发表的演讲[1]中，在那里，我有幸接替了诺埃耶女伯爵的位子，因

---

[1] 1936 年 3 月 9 日，柯莱特接替安娜·德·诺埃耶当选比利时法语语言文学皇家学院院士，1936 年 4 月 4 日发表了入会演讲，同年演讲稿出版。在讲稿中，柯莱特回忆了她与诺埃耶的友谊，并对诺埃耶在文学史中的位置进行了定位。

为她已经离世了。

请您为我们的听众重温一下这些记忆好吗？

关于诺埃耶夫人，我保留了许多真人实体的记忆，但她是如此空灵……

作为一个女诗人，一个朋友呢？

不，不。我永远不会成为重要的散文作家，努力去讲述和评判一位伟大的诗人。不，不要指望我会这么做。

好吧！让我们来谈谈莱昂－保罗·法尔格[1]吧，您这样写道："如果我在白天遇到他，或许我会认不出来。我只在晚上见过莱昂－保罗·法尔格。就像夜行鸟一样，他的眼球填满广袤而深邃的眼眶，留给我一种错觉，他只在夜间出行，他的气色是那种给老鼠、夜半不可捉摸的猫还有蝙蝠穿戴的保护色。除了秃顶的宽额头和在路灯下一闪而过的微笑，莱昂－保罗·法尔格并不比其他任何恶魔更有型。但他

1　莱昂－保罗·法尔格（Léon-Paul Fargue，1876—1947）：法国诗人，参与过法国象征主义运动。

有天赋，像许多恶魔一样，具有一种充满穿透力的声音，一对擅于攀爬的脚掌，在碎石堆底下尖叫着，手指紧抓着，他以游泳者的姿态在完全黑暗的环境中游移。我之所以知道这一切，是因为我曾在晚上跟随法尔格穿行巴黎——至少他告诉我们是巴黎。"

好吧，就是这样！我希望你能通过这几行文字看到他，我给了自己虚荣心和特权在写作时与他重逢。

您对莱昂－保罗·法尔格没有什么特别的记忆吗？

有，记得他在家里为我们和一些朋友做过一回晚餐，着实令人惊艳——天啊，正逢其时。不久后他就去世了。于是我回忆起那顿晚餐，把它留在了几张不能显得很长的纸页上，因为它们的篇幅确实很短——然后就有了这些。你不想让我在这儿和你讲讲吗？

不，但我希望您能回顾一下与莱昂－保罗·法尔格之间的交谈。

这是我们在一起交谈内容最少的一次。因此，你很清楚你也必须放弃追问！我们当时没什么时间，或许我们也不太热衷于一起聊天。交谈是一种相当令人疲惫的快乐，至少与法尔格交流始终是一桩乐事，但我们确实很少一起聊天。我们会突然产生出奇一致的观点，这对我们来说就够了。

莱昂-保罗·法尔格的人格魅力对您来说有哪些？

这个问题太私密了——不好回答！你不会得到答案的。我刚才给了你一个答案，已经很充分了，承认吧！

现在来谈谈《一笔一画》中出场的库尔特林[1]吧。您曾这样描述他："身材矮小，留着愤怒公猫的胡子，天知道怎么梳的，狭长的眼睛闪闪发光，他扣大衣扣子的方式独特，看上去就好像扣错了。正是借助于这些我一直在寻找的喜剧特点，我在自己身上发现了这个热爱形式、热爱诗歌却从不自满的形象，我温情地、充满敬意地凝视着这位伟大的法国作家。"

是的，我知道库尔特林在我心里留下了什么。我将其交给他忠实的伴侣库尔特林夫人，我从来都只称呼她玛丽-让娜。

1　乔治·库尔特林（Georges Courteline，1858—1929）：法国剧作家。

您不想为我们回想一下某天晚上，报纸定版后，您在巴黎林荫道上遇到乔治·库尔特林的往事吗？

我主要是听他说，不是见面。那时候这还比较少见……而且，我已经适应这种生存方式了，几乎爱上它了。它对我有利，别人把我丢在那儿，丢在一个角落里，一条十分破旧的长凳上。我在那儿，身处以前的编辑部的那种几乎无法呼吸的氛围中……

……编辑部的氛围一直都是那样！

是吗？谢谢你的指正，我会记住的。对，就是这样。当库尔特林出现时，未见其人，先闻其声，他像蝙蝠一样吱吱的声音，对于整个编辑部来说都是一种好运。我们都变得有活力了——至少，我带着双耳活跃起来了——乔治·库尔特林的到来让我们更加欢乐，对冷嘲热讽的承受力也增强了。

您最欣赏乔治·库尔特林的什么性格特点？

你觉得我有时间、有闲暇、有勇气去细数乔治·库尔特林的性格特点吗？有个人对他极为了解，但那个人，是他非常亲近的朋友玛格丽特·莫雷诺，你已经不能听她亲口对你说了。

让我们回到阿丽丝这个人物，她在《二重奏》的续篇，1939年发表的一部短篇作品《沙发》[1]中再次出场。我想请您和我们谈谈这张沙发，它是"习惯用语和近乎神秘的习俗中所谓的出生之所与天选之地，最重要的是，它的独特氛围能让一个人找回自我。正是在这张沙发上，爱丽丝将安放她刚刚遭遇的不幸"。我想，您对于出生场所这一特定的地点抱有某种特殊的感觉，这正是您作为作家的特点之一，也是您的个性之一。

出生之所，是的，但没有任何东西能够阻止另一个地方成为出生地——我自己就试验过。这是一种糟糕的方法，但我让自己搞明白了。我相信，借助我们赋予的爱意，另一个地点也可以成为，也能够配得上被称为另一处出生地。你看，我向你证明了，我对自己的家乡和出生地抱有一种特殊的不忠，如果它可能仅仅是一种不忠的话。

---

1 《沙发》是《二重奏》的续篇，故事接续了《二重奏》的结尾：米歇尔自杀后，阿丽丝回到了她年轻时住过的公寓，看到了自己小时候特别喜欢躺在上面睡觉的大沙发，继而产生了一系列回忆。批评家认为，在这部小说中，柯莱特细腻地展现了女性的内心世界。作品名称"Le toutounier"在小说中特指一张原产于英国的大沙发。

您说的另一个地方是哪里？

是的，还有其他地点……但说到这儿，我又变得谨慎了一点。我努力克制这种自己身上仿佛对出生地的不忠。我尽我所能。有时我做到了。

为什么拒绝给听众们提供这些记忆和印象呢，也许对您来说付出的代价并不大？

因为我的作品，就像你提到的那样，已经包含了足够多的风景，对于我的读者，尤其是那些爱我的人来说，去参考我写下的文字与印刷出来的内容就已经足够了。

您教过我们，好好听您讲话是一种错误，因为您知道如何令人钦佩地说谎。这就是为什么我认为，如果您能告诉我们一些您很喜欢的地方，一些对您而言多少能与您的出生地相媲美的地方，会非常合乎大家的期待。

是的，对于某些出生之后去过的地方，我抱有温情，比如法国南部的某些地方，还有某些纯粹的沿海地区……我想我对它们产生了深厚的感情，仅次于一些我像爱家乡一样爱的地方。此外，我很小心，因为此时我会害怕，如果我突然回归并能再次踏足我真正的故乡，我有点担心自己再也无法尽情爱它。

然而，比如对您的女主角阿丽丝来说，改变的不是出生地，而是那些人。阿丽丝很快意识到她是孤独的，她的两个姐妹只是昔日时光的表象，只有她自己保持了忠诚。像从前那样咿呀学语、学习日常语汇、重拾生活习惯、重复相同的手势都是徒劳的，她在这个出生地依然孤身一人。变动的不是事物，是人心。但是您刚才告诉我们，恰恰相反，您害怕看到您的故乡发生变化，害怕看到您也同样有所改变。我原以为您会告诉我们相反的情况。

故乡没有必要改变。是我又一次想错了，我不必对此抱持任何幻想。是，我很确定，在内心深处我才是那个已经改变的人。

变得不再认得它，不再爱慕它，不再记得它？

喔，这很难！要找回我们曾经拥有的东西是很困难的。为了取回我们曾经爱过或者仍然能够爱上的事物，必须精打细算。我相信，以小巧轻盈的步伐前进是必要的，不能变得沉重，不应该在曾经爱过的地方驻足太久。必须格外小心，必须去体悟、去重现——请允许我使用马塞尔·普鲁斯特的这种表述方式——当我们认为已经重现了他所谓"重现的时光"[1]。我认为必须快速逃离，面对我们可以在其中找到的快乐和悲伤，务必小心为上。

您的回答对我有些帮助，因为我正好想问，您为什么让阿丽丝回到了自己家里。我有点吃惊，您把阿丽丝带到那张大沙发上，以修补她的不幸，重获某种类似的幸福。如果她想再次变得幸福，忘记一切，如果她想重现那些鲜活的记忆，她本应去大沙发以外的任何地方。为什么在《二重奏》出版五年之后，您要把女主角带回她的出生地，去藏起她的不幸呢？

我不确定。我无法诚实地回答你。但没了米歇尔，你觉得她能去哪儿呢？答案显而易见。

您告诉过我们——我想到了《流浪女伶》和其他几本小说——一个爱已破碎、突然之间不再理解爱情的女人，可以轻易地逃离，在任何地方找到幸福的表象。但

---

1 《重现的时光》是普鲁斯特《追忆似水年华》最后一卷的卷名。

是您破天荒地让她回到了出生地，在那里她徒劳地试图重拾生活的乐趣。她努力恢复她的生活习惯，像小时候那样在大床上醒来，聆听菜农的歌唱、叫卖还有每一种新鲜的声响，观察她的姐妹们如何生活，但很快她便意识到一切都是虚假的，而她是孤独的。但是，今天您告诉我们，为了回到故乡，必须采取千万种预防措施，因为人是会变的。这些内容您早就知道了。但您还是让您的女主人公回到了她的出生地。您为什么要这样做？为什么要写《二重奏》的续篇？

我不知道是否应该告诉你，不要相信我的诚实。不过我不认为让阿丽丝回到她的出生地时自己撒了谎。我再也看不出，老实说，我一直看不出她不回到那张大沙发的理由。

但为什么要在五年后出版《二重奏》的续篇呢？您是否认为您的小说尚未完成？您是否认为阿丽丝表现得如此脆弱，如此应受指责，以至于有必要赋予她一种更高的现实性呢？

不，但我多半酝酿已久——也许我错了——我想我已经丢下、已经放弃了《二重奏》这本既没有很充实的材料，也没有丰富的事件的书——也许还因为我已经又一次着手写另一部基于《二重奏》展开的小作品，所以写出了《沙发》。

　　面对爱情，阿丽丝对她的姐妹们有一个判断，对此我想了解更多细节。您写道："在你［爱情］之前，有饥饿、残酷与欢笑的需要……"您把对暴力的需求和对快乐的品位放在了爱情之前。我不禁想到，这个等级好像就是您在脑海中建立的那个等级。

　　我不知道这能否让你高兴，但你离真相并不遥远。

　　所以我的最后一个问题是，在爱的需要里没有任何超越性吗？按照您的说法，只有一种需要吗？

　　好吧，你在责怪我吗？

　　绝对不是，但您同样跟我说过，您和玛格丽特·莫雷诺曾经的共同点是，你们都可以在任何时候为你们所爱的人和事物抛弃一切。

　　是的，我们都已经证实了这一点。我不能说纯粹的理性会证明我们是对的，但我们已经做到了。不过，你不仅应该给我们机会，而且要允许我们拥有鲁莽行事的自由。

但在您的发言中没有鲁莽行事！一方面，您说"饥饿、残酷和欢笑的需要"先于爱的需要，而且在爱情中没有超越性；另一方面，您告诉我，您时刻准备好和您最好的朋友一起，为了您的爱人抛弃一切。这其中难道不存在一种明显的对立吗？

是的，不过你有点被冒犯到了，或许是因为我把人对于欢笑的需要列在了一个过于体面的位置。

绝对没有被冒犯到！我只是记录一下对立之处，我很想知道您能否为我进行解释，又或者像往常一样，您会拒绝解释，只用一个词概括它所有的价值和趣味。

解释什么，用什么词？

您的两次发言之间可能存在的对立。

是的，但我也在改变！

既然提到了这个话题，现在就来谈谈您对玛格丽特·莫雷诺的回忆吧。还是在《一笔一画》中，您写道："她只需要一间酒店房间，不用最好的，只需要一两个手提箱、一份手稿、一两卷诗集、一件大衣，一件正反两穿的格子呢大衣，她把它借给任何有需要的人——它把我和我最好的朋友从砸在我们敞篷车上的冰雹中护了下来。从这堆朴素的行李中，她完全根据自己的意愿，便获得了各种喜剧效果。有时，在舞台上，一只金色或银色的鞋子从她的裙摆处伸出来，里面是一只配得上毛皮与丝绸的脚，一只为了自由、赤裸以及石板的清凉而生的完美无缺的脚，一只仿佛马拉喀什帕夏的什卢赫[1]舞者姆巴卡的脚。"这位让我们所有人都魂牵梦绕的人物，我们中的一些人曾有幸见过她，我希望您再次回顾，同时告诉我们演员玛格丽特·莫雷诺对您来说意味着什么。

在你我之间谈论这个伟大的主题——谁是演员玛格丽特·莫雷诺？——颇为困难，因为必须考虑到她极度的谦逊以及她对自身职业的保留态度，而且，她在晚年将其称为自己的职业之一，是因为她曾经选定了电影行业。她只同意扮演喜剧角色（就像她几乎在电影中始终在做的那样），这便证明了她那份极度的谦逊。

您告诉过我们，正是您本人感受到了玛格丽特·莫雷诺的喜剧感。

1　什卢赫人是生活于北非的柏柏尔民族之一，以能歌善舞闻名。

我不仅感受到这一点，而且还将她推向了这个被遗弃了很久的地方。在她生命的最后几年，这个地方让她成为一个出乎意料的喜剧角色。但她不想……她早已通过那种独属于她的内敛温和的喜剧感取得了最初的成功，有一天，她似乎满心悔恨地对我说道："你明白，我不敢，我有点羞愧……我无法忘记自己曾经是唐娜·索尔[1]。"

玛格丽特·莫雷诺的喜剧感包含哪些要素？

啊，一种……这很难描述……庄严感。而且，像大多数伟大的喜剧演员一样不动声色，让她一出现在舞台上就效果全开。她似乎没有想过要变得幽默。这就是她幽默的原因。

您能讲讲您与玛格丽特·莫雷诺的友谊，以及你们俩之间的珍贵情感吗？

有很多次我几乎在嫉妒。玛格丽特·莫雷诺的友谊，她把它给予了少数幸运儿，就是她的朋友们。但她给予这寥

1 　唐娜·索尔是维克多·雨果的著名戏剧《艾那尼》中的女主人公。1891年，玛格丽特·莫雷诺曾在法兰西大剧院的演出中扮演这一角色。作为法国浪漫主义戏剧的代表作，《艾那尼》在19世纪末就已位列经典。

寥数人的友谊极其慷慨，当人们知道玛格丽特·莫雷诺的友谊意味着什么时，我想所有那些没有得到她友谊的人都会感到嫉妒。

关于您的作品《一笔一画》，作为收尾，我想谈一个真正的小说人物，马内夫[1]夫人。您写道："在巴尔扎克的所有作品中，没有哪个人物比马内夫夫人更受爱抚和诅咒了。这位杰出的小说家对她进行了上百次描述，用粗俗的话语攻击她，赋予她可怕的意图和无与伦比的魅力，最终令她与上帝和解；总之，他爱她。"我想请您给我们讲讲马内夫夫人，谈谈这个人物以及她让您感兴趣的元素。

我相信，凭借马内夫夫人，巴尔扎克取得了他最大的成功——当然，是通过描写堕落与诱惑。我相信，创作这个人物时，他倾注了最多的爱意。他试图隐藏自己对其造物抱有的这份巨大的爱意，但没有成功。

1　瓦莱丽·马内夫（Valérie Marneffe）是巴尔扎克小说《贝姨》中的人物。在小说中，瓦莱丽·富尔丹1815年出生，是蒙古尔内伯爵的私生女，1836年与国防部的一名雇员马内夫结婚。从1838年开始，她便开始婚内出轨，先后拥有四个情人，并使自己的丈夫和情人们全都相信是腹中胎儿的父亲。之后她还参与了一系列诈骗活动。最终马内夫夫人被人毒杀，她在死前进行忏悔，并在遗嘱中把骗来的钱财还了回去。

您本人也对这个人物饱含爱意……对您来说，马内夫夫人不仅是巴尔扎克最爱的人物，也是柯莱特最爱的人物，这话有没有说错呢？

不对！不是的！既然你用第三人称来谈论我，那么这些就是你口中的"柯莱特"有时试图赋予自己的气质。她并非总能做到，但必须尽其所能，不是为了说谎——这不是为了撒谎的乐趣——而是有必要稍微欺骗一下她最要好的朋友们。我可能试着爱马内夫夫人超出实际允许的限度，我向你保证……